体验设计策略

——教育培训市场与用户体验设计研究指南

秦 鹏 ◎ 著

中国商业出版社

图书在版编目（CIP）数据

体验设计策略 ： 教育培训市场与用户体验设计研究
指南 / 秦鹏著 . -- 北京 ： 中国商业出版社，2024.4
ISBN 978-7-5208-2691-4

Ⅰ．①体⋯ Ⅱ．①秦⋯ Ⅲ．①教育培训—指南 Ⅳ.
① G4-62

中国国家版本馆 CIP 数据核字（2023）第 213370 号

责任编辑：黄世嘉

中国商业出版社出版发行
（www.zgsycb.com 100053 北京广安门内报国寺 1 号）
总编室：010-63180647 编辑室：010-63033100
发行部：010-83120835/8286
新华书店经销
武汉市卓源印务有限公司印刷

＊

710 毫米 ×1000 毫米 16 开 22.5 印张 294 千字
2024 年 4 月第 1 版 2024 年 4 月第 1 次印刷
定价：158.00 元

＊ ＊ ＊ ＊

（如有印装质量问题可更换）

序　言

过去 20 年，科学技术使社会发生了深刻变化，这种变化不断地在演变，这种演变是企业和客户之间相互博弈后的结果，在博弈中，双方都产生了令对方可以接受的行为方式。在教育方面，大量的线上课程出现，自适应的、碎片化的学习方式与传统的线下上课方式反复博弈、制衡，最终形成双线并行的多样化模式；在媒体方面，从纸媒的独领风骚到电子产品的无处不在，重塑了客户与企业之间的对话互动方式。

但是，现在大部分企业仍然只关注自己的产品，在市场不断变化的情况下，常常忘记了产品和客户之间的互动体验。究其原因，一是企业习惯于用快速试错的方法来换取客户的反馈，通过迭代来增加产品的功能、品类；二是经验主义占据了上风，用熟悉的、成功的经验代替市场调研，用经验洞察代替市场洞察，先"做"后"验证"的模式大行其道。其实，运营过程中损耗的成本是巨大的，但由于过程当中的"工作紧迫感"和"努力表象"，往往让创始人陶醉、迷恋于这种"奋斗者精神"。

这本书主要讲述我日常工作中的一些心得体会。我发现一家公司在高速发展的过程中，往往会忽略客户的体验，这种体验问题平时是隐性的，往往隐藏在公司所有的运营链路当中，被称为"看不到的企业亚健康"。到了市场环境比较差的时期,或者公司业务遇到瓶颈的时期,这种"隐疾"就会逐一爆发,不断地侵蚀企业战略。等到关注的时候,往往已经来不及或者需要耗费巨大的成本,这个时候对企业而言往往是致命的。

本书主要面向对教育行业感兴趣的从业人员和企业的管理人员,尤其针对体验设计方面的朋友。关注客户的体验是企业常青不倒的法宝,是抵抗市场竞争的利器。客户第一不仅仅是写在公司的章程中,更应写在每一位员工的心里,企业应当在持续满足客户需求的同时获取利润,用高质量的产品、服务换取客户信任和价值回馈。

本书共分为八章。第一章中主要介绍消费者的时代变化。当代的消费者对自我的认知及其知识储备已经达到前所未有的高度。他们是多重矛盾的集合体,节约又奢侈,努力又躺平,盲目又有目标感,想得通同时又迷茫。我们之前所有的矛盾表现都在这一代人身上有所体现。在多样化的表现下,有一点是共同的,他们渴望被尊重、被认可。但是,市场环境中的年轻人在理解社会这一方面是严重不足的,在我们的调研中,大部分年轻用户的信息来源是各种短视频,片段性的信息很容易被曲解和引导。学会独立思考是社会这所大学必备的。

第二章至第六章,选择介绍了一些最近几年比较火爆的教育项目。在这些项目中,本书专注的不是如何增加项目的营收、健康的现金流,而是这些项目问题诞生的背后因素,通过具体项目的工作细节表达对客户体验的重视。我希望读者解读的方式是一千种哈姆雷特,有些朋友关注研究方法,有些朋友关注项目架构,有些朋友关注社会的问题,有些朋友关注企业的问题。总之,本书想表达的观点是,项目本身不重要,重要的是挖掘深层原因和您一起思考。

当然也有遗憾的地方，为了脱敏，我删掉了近 200 页的内容，并对有些数据进行了修改，未能全面展示我的想法，这里就先行抱歉了。

第七章则为软件相关的体验检测。这几年的互联网发展，几乎涵盖了人们生活的方方面面，不断地有新的技术涌现。在教育行业，软件的作用可以说是巨大的，软件的好坏、流畅、功能完备都会决定一个用户的情绪反馈。当然，用户"用"的行为也会被详细记录，再和传统调研方式相结合，可以相对完整地收集到改进的方案，逐渐形成贴合用户的好产品。在这个基础上，企业第一步就是要暴露问题，在数据链路上，设立观察站点，当形成体量数据后可以逐步进行洞察和分析。对比传统问卷，系统埋点数据量更大、更准确，对于用户的影响更加直接，通过建立科学化的数据检测体系，可以帮助企业健康良性地发展。

第八章是对企业的品牌分析。品牌相当于企业的口碑，口碑的建立是日积月累而来的，通过一次又一次的市场拓展反馈形成的，通过消费者的认可，一点一点地建立起来。企业品牌的建立可以追溯到现代化企业建立的一百多年前，不同地域的企业造就了不同的品牌核心，Apple 的品牌价值核心是简单、易用、有效；阿里巴巴的核心是让天下没有难做的生意。

在整理书稿中，我不断发现新的东西和工作上的不足之处。书稿的整理不仅是工作日常的回顾，更是对内心的梳理。工作至今，我不断地反思工作的价值和意义，不断地思考客户的行为对于企业的价值和意义。这部书涵盖了我的深度思考，它将帮你用科学的方法认知市场，分析客户行为，不断地贴近客户，和客户一起创造价值。在 AI 技术不断完善的今天，技术始终围绕着"人"，为人服务。了解客户、了解企业和客户之间的互动关系将有利于我们不断地突破瓶颈，重塑客户关系。

对于未来，我隐藏了自己的"小心思"，希望和读者一起思考。当代社会各种商业模式层出不穷，"我"既是客户，亦是企业，既是大千世界的构成，也是世界的本身。当"我"游走在这名山大川，神游在思维宇宙时，可否用自我的力量改变社会一点点，使其变得更好，或许时代的进步因你我而璀璨！

感谢大家！

秦鹏

2023 年 4 月

目 录
CONTENTS

前　言

一、什么是体验设计策略

体验设计策略强调以提高客户整体体验为目标，注重与客户的每一次交互，协同售前、售中、售后的各个环节与客户的各种触点，有目的且无缝地为客户传递正面信息，创造匹配品牌的正面利好感知，从而实现客户与品牌的良性互动，增加企业的收入和资产价值，如图 0-1 所示。

企业和客户之间每一个触点，都会决定复购率和忠诚度，企业的发展伴随着这些触点的不断优化和提升

个性化的产品体验已经是这个时代的潮流，今天的消费者需要的是在和企业交互过程中获得的价值，价值的获得要比单纯的高科技宣传重要得多

作为客户对于企业认可度的映射，是客户对于企业的情感综合体，不得不说，是情感口碑造就了一个优秀企业的品牌

图0-1　客户、产品与品牌

二、体验设计策略重要性

（一）关注整体体验，把握动态需求

客户需求在不断提升变化，而且客户越来越关注整体体验，非单一卖点，任何一个环节的不满都会造成客户流失。因此，企业需要更精确、实时地把握客户动态。

体验设计策略以提高客户整体体验为出发点，不仅考虑单点最优，而且兼顾其他环节的整体性体验与感受，覆盖整合售前、售中、售后各个阶段，以及线上线下各个渠道的客户触点，创造匹配的品牌承诺的正面形象，进而创造差异化的体验。

（二）掌握实时表现，提升品牌口碑

口碑为王，已经成为互联网时代的核心思维。借助于互联网，口碑传播方式呈现传播快、范围广的特点，极大地增加了口碑的影响力。与此同时，品牌作为解决差异化问题的强力抓手，其打入用户心智的必要性越发凸显。

体验设计策略通过在关键触点上获取客户的实时反馈，从而及时发现问题并进行干预、优化与调整，实现对客户体验的有效把握和闭环管理，有助于提高客户对企业的满意度及忠诚度。

（三）把控服务质量，助力内部优化

技术的提升使得新产品迭代更新速度加快，竞争态势升级。且用户转移成本降低，获客成本持续走高，留住客户成为最好的成本管控手段。因此，企业对于服务质量的把控需求越发强烈。

服务是企业的核心竞争力之一，如何更加标准化、精细化地把控服务质量，切实提升客户体验，从而提升商业价值，都是企业亟待解决的重要问题。

三、体验设计策略原理模型

在体验设计现状诊断以及监测过程中，让企业形成共识体验目标、体验问题、体验机会点，梳理生命周期及旅程中现有的以及未来可能的产品触点（体验关键环节、体验阻碍因素、体验激励因素），并对应到相应团队（产品团队、设计团队、运营团队、业务团队等）以及相关指标（运营类、系统性能类、业务类、财务类等），进行体验现状诊断，挖掘体验问题以及机会定位，阶段化引领客户体验的实际落地，从而实现动态的、体系化的体验设计策略，如图 0-2 所示。

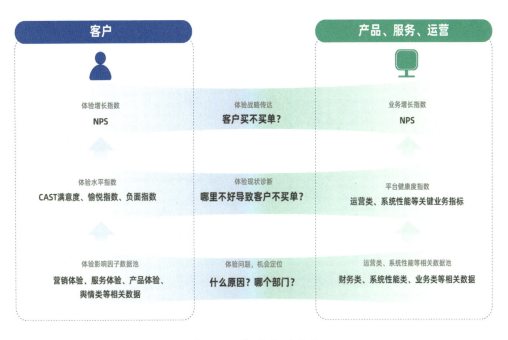

图0-2　客户体验指标

第一章　人群分析

抓不住年轻人的企业没有未来。

消费时代来临——当一个人有任何问题的时候，他首先想到的是通过消费来解决。而如今，年轻人已逐渐成为消费的主力，消费也是年轻人生活的一种至关重要的实践方式。相比于过往代际，他们有更鲜明的个性和观点，同时，他们也需要通过消费来自我实现。传统的市场营销方式已经无法适应当前快速变化的时代和人群需求。了解年轻人，增强他们对于企业品牌的认同感，是企业持续健康发展的必要基石。尤其是在教育行业获客成本不断攀升，人口红利逐渐消失的当下，深度了解年轻人的需求和喜好，更成了一件至关重要的事情。

我们将年轻人定义为 Z 世代群体。Z 世代的概念源于美国，是指出生于1995—2010 年的人。根据国家统计局数据，中国的 Z 世代人群有 1.84 亿人，占全国总人口的 13%。他们一边"一掷千金"地花钱，一边"斤斤计较"地省钱；他们是小众和潮流的创造者和引领者，让小众不再是小群体的狂欢，而是变成一种潮流趋势；他们能够快速接纳新事物，也可以迅速对其失去耐心；他们的消费与社交的关系前所未有的紧密……这些 Z 世代在"买买买"的同时，矛盾的消费行为和多元化的消费特点给大家留下大大的问号。

我们要了解年轻群体，需要看到问题背后的本质。我们将理解年轻人的关键点提炼如下：无论在什么年龄阶段，人性总是共通的；要理解年轻人，需要从审视我们所处的时代开始。

第一节　时代背景塑造年轻特性

一、与世界：生而富足，却更加迷茫脆弱

回顾 Z 世代年轻人成长所处的时代背景，我们可以发现以下两个明显的趋势特征。

第一，富足。他们出生于中国改革开放红利期，成长于中国经济高速发展的年代，集中享受家庭经济快速增长带来的物质生活提升。良好的经济条件为他们创造了更多接触优质教育、拓宽视野的机会。Z 世代的父母普遍重视子女教育，愿意为此投入更多资源。

他们的成长也伴随着互联网的爆发式发展，经历了从门户到搜索、从搜索到社交化网络、从 PC 互联网到移动互联网三大互联网浪潮。互联网极大地改变了传统经济模式，大量中小型企业乃至创业企业如雨后春笋般生长，商业模式迅速变化并迭代。新的科技手段也赋予普通人更多的机遇和可能，从 2014 年微信自媒体爆发、2015 年直播平台热潮，以及共享经济的发展，科技制造了大量个体的机遇空间，给参与者、创造者带来了间接或者直接的经济收益，大大缩短了将个人价值转换为财富的变现途径。

第二，风险。大学扩招、就业困难、房价攀升，甚至加上疫情的影响，年轻人对未来充满了焦虑。以互联网、文化娱乐为代表的新兴市场蓬勃发展，吸引大量资本注入，财富的积累周期以肉眼可见的速度大大缩短。Z 世代身边许多同龄人通过"找对风口"，年纪轻轻就成为成功创业者或者年入百万的网红主播，年轻与财富的关系前所未有地紧密起来。在看似漫天财富风口中，大部分年轻人面对的是生活的压力。甚至有人提出"四分之一人生危机"，指的是 25 岁左右的人群特有的大面积迷茫和焦虑。

时代的快速发展，让机遇与风险并存。在复杂多变的时代背景下，年轻

人感到迷茫和焦虑，深感个人未来发展难以预测。

二、与他人：生而孤独，渴求认同与归属

在这种背景下，Z世代的人际表现如何呢？我们将其概括为：生而孤独，渴求认同与归属。

虽然他们的生活条件更为优越，但孤独感如影随形。Z世代大部分都是独生子女，缺少年纪相近的兄弟姐妹的陪伴。一个人的成长经历本就孤独，他们还需要面对巨大的升学压力，课业的繁重更是减少了他们与外界面对面交流的机会。这些都加深了孤独感，因此他们对社交有着较强的需求。

他们在各大社交平台上记录自己的独立生活，在虚拟世界与人分享日常的喜怒哀乐。社交的目的不再是交友，而是寻找认同感与归属感。这种归属感较少像过去一样以地域或血缘来划分，而是源于相似的身份认同、话语体系、行为习惯。即时通信和社交网络的快速发展为Z世代寻找认同和归属提供了平台。互联网的去中心化、去权威化，令每个人的表达都更为自由，社交的对象也附着在情感与价值观有共鸣的人或者组织身上，由此产生了独属于这个时代的圈层。

我们可以看到，他们热衷于各类线上社交，希望在网络世界中做真实的自己，并且寻找志同道合的伙伴。他们对各种创新型的陌生人社交模式有着较高的尝试意愿，在匿名社交、语言社交、灵魂社交、游戏社交等领域参与度都显著地更高。

三、与自己：开放流动，互联网已经成为密不可分的载体

如今，互联网赋予了每个人以更高的开放性和流动性。一方面，社交媒体的发达挤占了年轻人真实场景下的联系空间，反而增加了人的孤独感；另一

方面，以兴趣爱好为导向，建立在互联网上的虚拟空间，给了年轻人以另外的归属感来源。

作为第一代数字原住民，互联网成为他们的信息来源。他们每天徜徉在高速流变的时空中，接受信息海洋的持续大量倾泻，每一条推送的新闻、每一个新出现的 App、每一季爆红的单品等都需要持续跟进。手机、平板等智能设备更是成为身体的延伸，持续在线追赶世界变化成为他们的常态化生活。同时，他们也会积极地在互联网上分享生活与思想，渴望受到关注、渴望自我表达、渴望被认同；他们在网络上自我探索，"写个豆瓣评论"等创作行为成为探寻并实现自我价值的重要途径。

互联网信息都是去中性化的传播，通过社会化媒体，每个人都是信息节点，都可能成为意见领袖。在这种情况下，个人的影响范围和程度空前扩大，年青一代被科技手段赋权，在网络中拥有不可忽视的力量。

第二节　Z世代的消费行为特点

一、以我为中心的消费态度

他们不再满足于被动接受已有的消费符号与外界定义的消费标准，更多回归到自身的体验与喜好，以自己为中心作为出发点，强调自己的需求与兴趣，追求发自内心的舒适与自得。

当代年轻人表达出的自信程度要远高于过往人群。他们不再迷信权威，更喜欢回到自己的价值空间内做判断。与过往代际相比，他们不迷信权威和大众的声音，而是更加坚定适合自己的才是好的。

他们会通过消费来展现或者探索自己的性格。许多消费并不仅仅是对外展示的炫耀式消费，而是对内的理解与对话的途径，每一种新鲜的文化或消费品都成为可能潜在的理解与发现新自我的机会。他们也会通过消费来达成自己的生活方式，为自己有共同价值观的品牌与产品买单。

此外，越来越多的年轻人愿意把钱花在可以体验这件事，而非产品本身。从营造空间听觉沉浸的蓝牙音响、打造嗅觉沉浸的香氛蜡烛和精油香薰，到线下真人剧情推理的剧本杀，他们不仅是在购买产品，更是在为情绪、体验付费。消费需求超出了商品本身，不再囿于产品的物化属性，单纯的物质消费延伸到了精神消费。买东西不再是简单的能干什么，而是我用它能做什么，能让我拥有怎样的别致体验。

二、追求品质，最大化消费 ROI

如今，消费已经成为年轻人自我实现的一种方式。正因为年轻人追求消费的结果要适合自我，自然消费过程中的主动性和探索性就变得更加突出。从豆瓣到知乎，从什么值得买到小红书，从权威专家或达人的产品分析到素人真实剁手经验与使用体验，他们在购买之前进行严谨理性的信息搜集与产品学习，找到真正的性价比。用他们的话来说，"做足攻略再剁手，钱不能白花，土不能白吃"。

同时，他们很在意自己用起来感受如何，不合适会通过出闲置的方式转卖"回血"，"买来发现不喜欢不合适的，就会用闲鱼卖出去"。这让整个消费行为 ROI 最大化，他们一边"吃土"一边"回血"，用相对较小的成本尝试更多的产品，找到适合自己的品质生活。

三、渴望表达，更愿意参与创造

他们在消费过程中通过打分和评论来分享自己的感受与体验，淘宝、大众点评留下了他们的印记。用户为喜茶 Logo 中的大头补上全身的图片引发全网创作热潮，在原 Logo 的基础上打开脑洞，结合各种生活场景展开天马行空的想象。最终这场由网友自发产出，官方亲自下场的活动收获 4.1 亿阅读量和 3.9 亿讨论量，甚至超出一些高额推广活动。商业也看到年青一代的创造能力，小米将他们拉入产品开发的过程中。用户不仅使用产品，还拥有产品，这种拥有感使用户在遇到问题后不仅会吐槽，还会参与改进产品，"人人都是产品经理"。

四、当代年轻人受重视程度远胜以往

作为新消费人群的 Z 世代消费能力毫不逊色。尽管多数的他们还是在校学生或者职场新人，但他们有意愿花钱，也敢于花钱。从电商平台的多个榜单上看，他们在多个品类的消费赶超前几代；从整个市场规模上看，他们在美妆、运动装和球鞋品类的消费占行业大约三成。以我为中心的消费态度让他们对新鲜的文化与消费产品呈现开发与积极态度，他们更愿意尝试新鲜事物，为小众文化的溢价买单，是新商业模式的天然天使用户。此外，他们不仅是推动市场的核心消费者，同时是市场的潮流引领者。他们觉得产品好，会更愿意表达和分享，在年青一代中引起风潮，塑造新文化和生活方式。同时，他们也在其他方面有着不可小觑的影响力和传导力，很多品类大人们都没他们懂，受他们的影响也跟着购买。

第三节　教育行业的机遇与挑战

从需求端看，今天年轻人对于知识的诉求正在不断提升，对能获得自我成长的内容与日俱增。

　　成长环境发生剧烈变化，自我探索与决策的复杂性大大增加。未来超过了依据现有知识进行预测的范畴，过去可以依赖的学习、工作系统都在失效。在泛互联网的环境下，很多岗位的职能边界逐渐模糊，行业格局、商业模式、业务逻辑和模型都在不断迭代，对能力和需求变得更加复合化。年轻人逐渐意识到，在快速变化的今天，只有主动并持续发展知识技能，才能在风险与风口叠加到来的时代不被淘汰。

　　因此，我们今天能够看见，视频和音频行业泛知识内容的播放数据及热度数据呈现明显增长的态势，得到、喜马拉雅、知乎 Live 等知识付费平台持续火爆，年轻人付费长知识成为趋势。大众与专业知识的次元壁正以奇特的方式被迅速打通，从刑法教师罗翔、经济学教授薛兆丰到政治学教授刘擎，专家学者、各行各业的意见领袖近年来屡屡出圈，成为年青一代的新偶像。为获得差异化竞争力与更灵活的应变能力，考证热潮持续进行，知识与技能成为处于学业、职业迷茫期的年轻人面对高速发展的社会时，调整职业轨迹、提升核心竞争力的主推工具。

　　从供给端看，在"双减"政策高压下，大量K12教育企业被迫转型职业教育，字节、知乎等互联网企业也纷纷进入，叠加原本的竞争对手，可以预计未来的行业竞争将越发激烈。如何在竞争对手环伺、产品同质化、获客成本高昂的情况下突出重围，成为未来需要思考的问题。

　　从企业自身的角度出发，大学生作为企业的核心用户群体，增强他们对于企业品牌的认同感，是企业未来持续健康发展的必要基石。而为了达成这一目标，首先就需要了解且动态把握大学生用户的学习需求，以"用户为中心"，打造贴合用户需求的教育品类与机构产品。

第四节　在读大学生学习需求现状及未来发展趋势

　　基于以上，本次大学生学习需求调研的主要目的也就明确了：了解当前大学生群体的学习兴趣 / 需求及其对培训机构的态度、认知及需求情况，为各业务发展、产品设计迭代提供决策参考；同时为定期追踪大学生群体学习兴趣 / 需求变化趋势提供数据对比与支持，敏捷探知市场发展机遇。

　　在 2023 年 2 月 2 日—4 月 18 日，通过第三方样本服务机构向本次调研的目标人群：在校大学生，投放定量问卷。共回收 501 份样本，有效样本 436 份。

　　有效样本以本科女大学生为主，在读学校多为普通本科院校；学生大多临近毕业，超半数处于三年级及以上；在读专业分散，工商管理类专业的学生人数稍多；所在城市以高线城市（一线 / 二线 / 新一线）为主，占比超过六成，如图 1-1 所示。

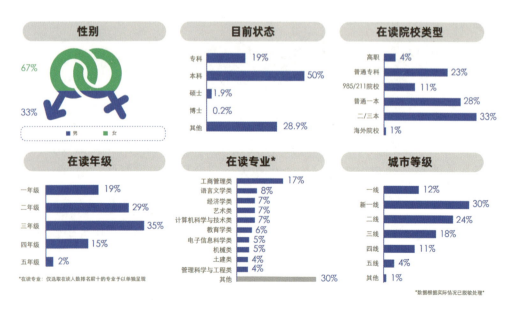

图1-1　大学生样本分析

一、调研主要发现

在当前环境下，在读大学生倾向升学、就业多手准备，毕业后继续深造是更优先的选择。

学历提升方面，提高求职竞争力是大学生考研的核心驱动力，考研更多是作为学生实现求职目标的手段。未来机构可在各环节嵌入并突出求职类产品与服务，在满足考研生真实诉求的同时，也可拓展用户生命周期。

公考培训方面，超六成考生存在同时备考多门公务员/事业编考试的情况，并以公务员省考为重。未来可在产品设计方面进行整合，并根据备考优先级有所侧重。

职业资格证书方面，教师资格证与财会金融类证书已具备广泛备考人群，未来仍有较大发展潜力。心理咨询师的备考市场存在拓展价值；财会金融证书中，初/中/高级会计师和CPA已有较多在学考生，同时是大学生未来主要的财会金融学习目标。

职业技能方面，办公技能（Office）、计算机等级是大学生的学习热点，其中，学生对计算机等级证书的报班意愿较高。

自我提升方面，绘画和声乐/乐器在学人数较多且报班意愿较高，具有一定的市场拓展价值。

二、具体调研结果

（一）大学生倾向升学、就业多手准备，毕业后继续深造是更优先的选择

受新冠疫情影响，就业市场收缩，竞争愈加激烈。在多手准备的同时，超半数大学生更倾向于先通过升学暂缓就业/求职压力。

求职就业是避不开的话题。为了提升求职竞争力、谋求更好的职业发展，大学生在职业资格证书获取、职业技能学习、自我提升等方面也表现出相应的

学习需求，如图 1-2 所示。

其中，职业资格认证中的教师资格证、财会金融证书；职业技能中的办公技能、计算机等级；自我提升中的语言培训均为大学生学习热点。

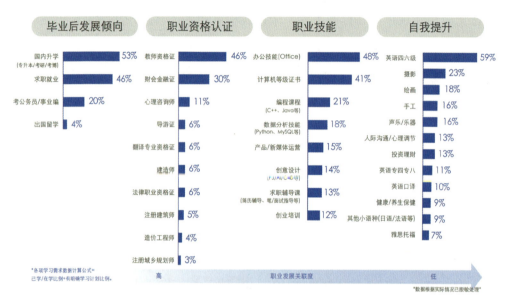

图1-2　大学生学习需求调研结果

（二）学历提升方面，增强求职竞争力是在读本科生计划考研的核心驱动力

近年来，求职条件的不断加码使硕士学历成了许多岗位的敲门砖，也使大学生考研的目的更加趋于结果导向，学习本身带来的动力相对较弱。因此，机构可以更加突出求职类服务的卖点：一方面，在销售环节加入部分职业规划建议，提升专业性等吸引点感知；另一方面，后续在交付环节中增加一定的求职产品与服务，可进一步延长用户生命周期，如图 1-3 所示。

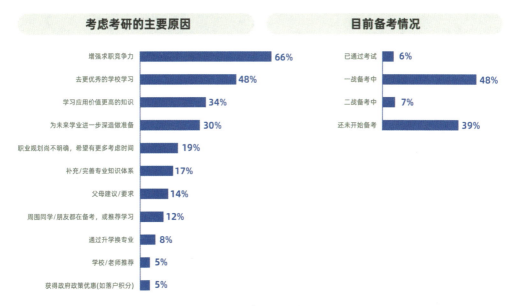

图1-3　考研主要原因

（三）考研备考周期更长，近半数学生报班学习或具有报班意向

受到就业市场、考研人数、政策、环境等多方面影响，考研热度逐年攀升，难度更是屡创新高。这也导致考生在备考决策中更趋向保守与求稳，具体表现如下。

1. 提前备考：预留更长的备考周期

根据易观在《中国考研培训行业白皮书2022》中发布的数据，七成考研学生的备考时长在半年以上；而在本次调研中，备考学生的备考时间规划在半年以上的比例进一步提升（89%），计划备考考生的备考周期再次延长，大多倾向于在考前9个月以上即开始备考，如图1-4所示。

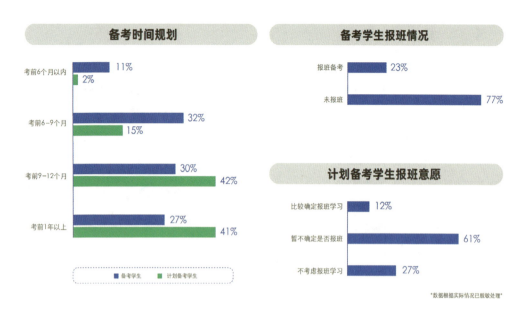

图1-4　考研备考周期

2. 积极获取有力支持

为保障自身学习效果、提升考试通过率，机构提供的答疑服务、学习督促与学习计划等服务成为大多数学生报班时的关注焦点，希望在课程之外塑造更全面的学习动力体系。另外，学生偏好互动感更强的课程形式，面授、集训营等线下课程形式更加吸引学生，如图1-5所示。

图1-5 考研备考形式

3.机构产品价值感知与性价比仍是影响学生报班决策的主要原因

对于暂不确定是否报班的学生来说，尚未了解相关培训机构、不确定机构所能提供的帮助效果是其犹豫主要的原因。机构需结合学生备考时间与需求，提前打通与学生的链接通道，拉齐学生对机构课程 / 服务的认知与价值感知；机构产品价格仍是阻碍学生报班的主要原因，也促使该类学生倾向于通过其他途径（如网络课程视频）获取学习资源，如图1-6所示。

图1-6　不报班的原因分析

4.公考培训方面，超六成考生存在同时备考多门考试的情况，且以公务员省考为备考优先

由于考试内容、形式的相似性较高，公务员／事业编考试中经常存在同时备考多门的情况。

在本次调研中，大学生大多同时备考两门，其公务员国考／省考＋事业编考试的考试组合是主流，人数比例超三成；虽然事业编考试的参考人数较多，但从备考优先级来看，公务员省考是大学生愿意投入最多备考精力的考试类型，优先级较高，如图1-7所示。

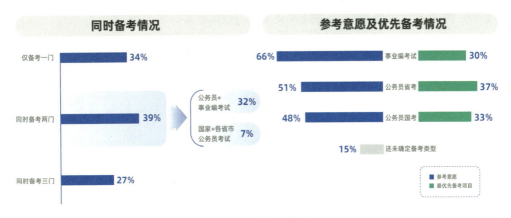

图1-7　公考备考情况

5.超半数考生正在备考公务员 / 事业编考试,但具有报班行为或明确报班意向的较少

正在备考的考生中仅三成考生选择报班;计划备考的考生中绝大多数仍在犹豫是否报班,更有22%的学生表示不考虑报班学习,如图1-8所示。

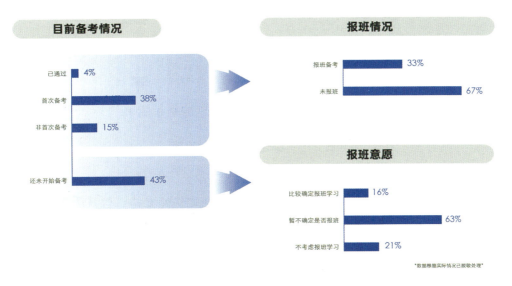

图1-8　公考备考情况

6. 机构产品价值感知尚不清晰是学生犹豫是否报班学习的主要原因

未来，机构可通过对比突出自身优势，塑造/强化学生对机构的积极认知，从而降低学生报班的阻碍因素，夯实学生报班意向。

例如，不同于网络学习资源的同质化、老旧等缺点，机构将及时跟进最新考试动态，并根据学生类型分层设计产品形态，多样、定制化的课程与服务。同时，辅以智能高效的学习平台、做题系统等软硬件设施，为学生备考保驾护航。

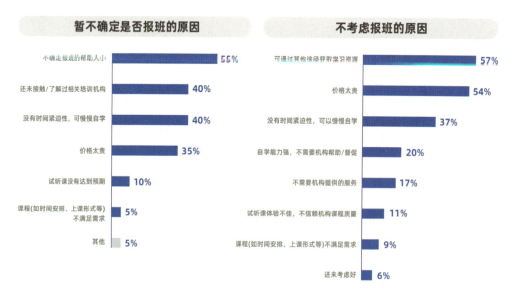

图1-9　公考不报班的原因

7. 备考投入成本多集中于 500～5000 元，更偏好直播、面授等互动性较强的课程形式

正在备考的学生对机构服务的需求更倾向于围绕学习本身进行，希望通过获取信息、答疑、面试辅导等为自身构建完整、全面的备考体系；而对于计划

备考的学生来说，由于其尚处于备考意向阶段，未来发展方向可能暂未明晰。因此，在职业规划服务方面也表现出了一定需求，期望尽快明确毕业后的发展道路，落实或调整自身备考行为，如图1-10所示。

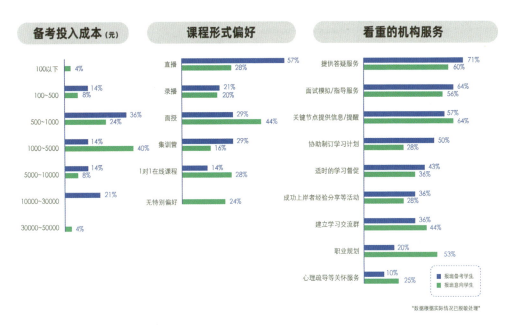

图1-10　公考备考形式

8.职业发展提升方面的考试受到青睐

教师资格证与财会金融类证书已具备广泛备考人群，未来仍有较大发展潜力；心理咨询师的备考市场存在拓展价值，如图1-11所示。

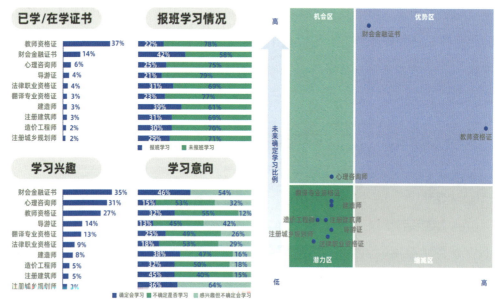

图1-11　考证学习分析

9.增强专业能力、助力职业发展是大学生学习／考取相关职业资格证书的主要驱动力

与其他职业资格证不同，心理咨询师和导游证的学习需求更多源于学生的兴趣爱好及对日常生活的充实需要；翻译专业资格证则同时兼具了职业发展与兴趣爱好两大类学习驱动力，如图1-12所示。

	教师资格证	财会金融证书	心理咨询师	导游证	翻译专业资格证	建造师	法律职业资格证	注册建筑师	造价工程师	注册城乡规划局	平均值
满足求职硬性要求	38%	31%	21%	6%	40%	35%	30%	27%	36%	29%	29%
增强求职/升学竞争力（非硬性要求）	56%	57%	19%	32%	51%	45%	42%	40%	50%	33%	43%
了解/补充相关知识体系	22%	26%	30%	26%	37%	30%	44%	43%	36%	57%	35%
契合自身兴趣爱好	24%	20%	50%	57%	40%	30%	30%	30%	39%	33%	35%
充实生活	28%	24%	43%	44%	43%	13%	16%	20%	21%	33%	29%
学校要求/推荐学习	12%	16%	6%	11%	15%	20%	19%	23%	18%	19%	16%
周围同学/朋友都在备考或推荐学习	32%	16%	8%	19%	10%	25%	12%	23%	11%	14%	17%

*蓝色表示高于平均比例

图1-12　考证驱动力分析

10. 初/中/高级会计师和CPA是大学生未来主要的财会金融学习目标

由于受证书备考难度的影响，计划学习CPA的学生具有更高的报班意向；两者（初/中/高级会计师和CPA）均有近六成计划学习的学生尚处于报班决策的观望状态，如图1-13所示。

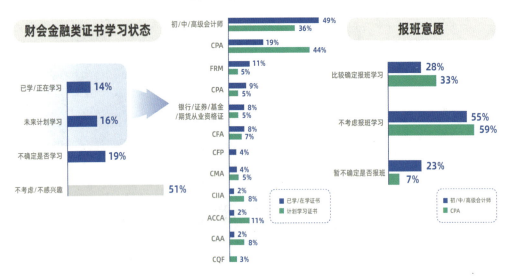

图1-13　财会金融类证书学习需求

11. 答疑、学习计划与学习督促服务

初/中/高级会计师考生更偏好录播或是1对1在线课程的学习形式；由于两类证书的职场适用范围不同，相较于CPA，初/中/高级会计师考生更加需要通过职业生涯规划锚定未来发展目标。因此，在该方面表现出更高的服务需求，如图1-14所示。

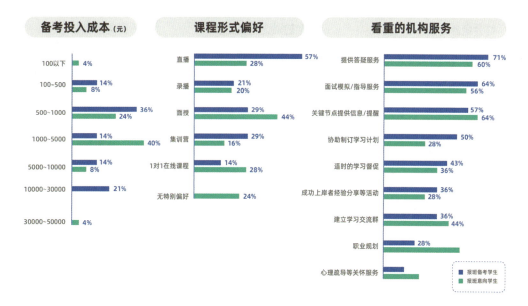

图1-14 CPA备考形式

12.信息收集尚未完成、担心学习难度/成本是阻碍财会金融类证书学习决策的主要原因

虽然目前处于暂不确定是否学习的状态，但大多学生对初/中/高级会计师以及CPA表现出了一定的学习兴趣，如图1-15所示。

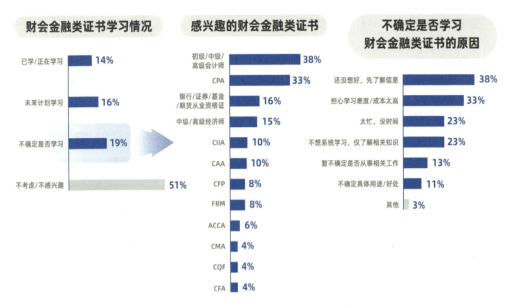

图1-15 财会金融类证书学习情况

13.职业技能中，大学生对办公技能及计算机等级具有较大学习需求，但报班意愿较低

整体来看，针对职业技能类学习需求，仅有23%的学生选择报班学习；其中计算机等级证书及C++、Java等编程课程为学习人数较多且报班意愿稍高的学习项目，如图1-16所示。

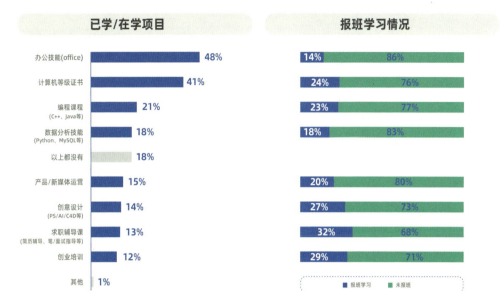

图1-16职业技能学习情况

14.自我提升方面，绘画和声乐／乐器在学人数较多且报班意愿较高，具有一定市场拓展价值

英语四、六级是大学生最主要的学习项目。其不受专业限制，几乎贯穿了大学生从入学至毕业的完整学习阶段。因此，英语四、六级可能是机构拓宽与大学生链接面的切入点之一，同时基于四、六级的学习培训，还可嫁接诸多学习需求，拓展用户生命周期，如图1-17所示。

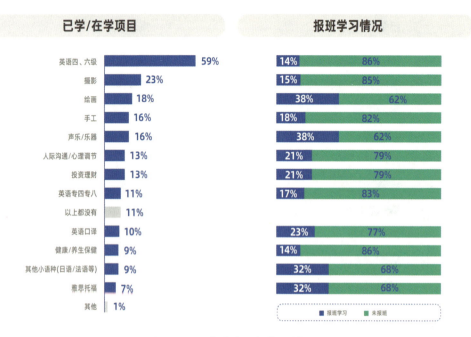

图1-17　自我提升学习情况

在学习需求之外，调研还发现，大学生更多的是以可见结果为学习导向，兴趣的重要性并不是最关键因素。在提及教培机构时，整体上大学生的态度较为分散。虽有超半数大学生认可培训机构对学习的帮助与价值，但仍有 28% 的学生在对比机构产品与价格时感到不平衡。未来仍需着重提升用户对机构产品的价值感知，提高自身性价比，如图 1-18 所示。

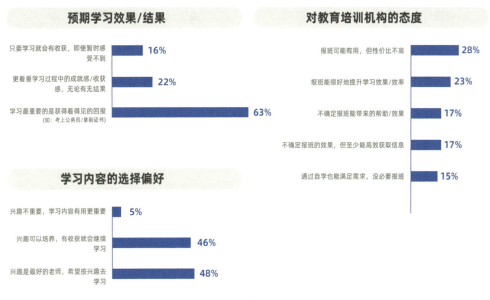

预期学习效果/结果

只要学习就会有收获，即使暂时感受不到　16%

更看重学习过程中的成就感/收获感，无论有无结果　22%

学习最重要的是获得看得见的回报（如：考上公务员/拿到证书）　63%

对教育培训机构的态度

报班可能有用，但性价比不高　28%

报班能很好地提升学习效果/效率　23%

不确定报班能带来的帮助/效果　17%

不确定报班的效果，但至少能高效获取信息　17%

通过自学也能满足需求，没必要报班　15%

学习内容的选择偏好

兴趣不重要，学习内容有用更重要　5%

兴趣可以培养，有收获就会继续学习　46%

兴趣是最好的老师，希望按兴趣去学习　48%

图1-18　学生对教育培训机构的态度

同时，大学生对未来发展道路的选择受到疫情影响，更倾向于多手准备。他们将更优先选择自学或非机构渠道获取学习资源，以降低经济压力；报班时，也更偏好线上学习的形式，并且对各类督学/伴学服务的需求有所增加，如图1-19所示。

图1-19　疫情对大学生决策的影响

第二章 产品与体验

第一节 产品部分——考研

一、项目背景

如图 2-1 所示，根据对大学生考研现状以及考研培训机构所面临困境的分析，我们明确了推进考研用户调研的必要性及价值点。

图2-1 大学生考研现状

（一）需求端：大学生考研现状

1.就业挤压：大学毕业生就业形势严峻，升学既是求职需求也是缓冲手段

当前我国经济发展面临需求收缩、供给冲击和预期转弱三重压力，市场

用人需求存在较大不确定性，部分企业或是实行内部优化，或是减少甚至暂停招聘动作。在招聘市场缩减的情况下，每年大学毕业生的规模却不断攀升，预计 2023 年应届毕业生将达到 1168 万人，如图 2-2 所示。

图2-2 高校毕业生人数（万人）

在供需挤压之下，市场虽然仍有招聘需求，但面对如此巨大的求职压力，也只能被迫抬高用人标准，甚至使硕博学历成为部分用人单位吸收简历的基础条件。渐渐地，学历成为大学生毕业后求职的硬通货；同时，为了暂缓就业压力，留给自己更多选择和提升的空间，升学成了不少大学生的选择。根据北京大学教育经济研究所的调研，大学生毕业后选择升学的人数占比整体呈上升趋势，至 2022 年该占比已超 40%，如图 2-3 所示。

图2-3　2007—2022年中国大学生毕业去向

2. 人数挤压：考研热度攀升，竞争氛围更加激烈

然而，进入升学赛道却并不意味着轻松。仅考研这一升学途径中，每年报考的人数正处于急速上升期，2017—2022 年，考研报名人数从 201 人万增长到 457 万人（5 年增长 127%）。百度搜索指数显示，2017 年后对"考研"关键词进行搜索的热度超过"公务员"。考研热度居高不下，已然成为一种突出的社会现象，如图 2-4 所示。

近年来，虽然研究生招录人数提高，但是报考人数也在逐年攀升，报录比居高不下，考生仍面对巨大的升学竞争压力。

图2-4 2011—2022年全国考研报名人数（万人）

3.政策挤压：扩大硕士推免比例，全日制专硕逐渐向非全日制转变

根据各高校硕士研究生招生简章，多所院校计划接受的推免生比例高达50%，部分院校专业甚至已超半数。高推免比例挤压统招名额，以重点院校为目标的考生更是面临激烈的竞争。

同时，各校招生简章还提示专业硕士的录取正在逐步向非全日制转变。目前，已有不少大学陆续压缩或取消全日制招生，例如，中国人民大学新闻与传播专业硕士2021级全日制仅招收推免生源，统考阶段仅招收非全日制定向就业生源；武汉大学2017年全日制会计专硕仅招推免生，其余全部为非全日制；华中师范大学则在2020年取消全日制应用心理学专硕招生，全部招收非全日制专硕。

专硕培养应用型人才的定位，决定了专硕针对在职人员招生或许更合适，也有专家表示"非全日制是专业硕士的未来发展趋势"。

在如此定位下，一边是日渐激烈的统考竞争，一边是逐渐对应届生关闭的专硕大门，留给大学生的考研空间进一步缩小。

因此，在以上三重挤压下，大学生考研需求旺盛且迫切，但考试竞争激烈，上岸信心不足。而考研培训机构的辅助/提升功能逐渐为学生所接受，开始成为他们纳入考虑的选择之一。

（二）供给端：考研培训机构困境

考研生虽有学习/参培需求，但考研培训机构在转化用户的过程中却存在诸多困境。

1.考研学科复杂度高，如何标准化

与高考各省市统一命题不同，研究生考试的标准化程度较低，尤其是分数占比最高的专业课更是根据院校、专业的不同形成千差万别的考试内容。这同时导致了考研培训机构很难跨学科、跨院校复用教研成果，所需投入的人力物力较高。有限的资源面对多样的需求，极容易出现多维发展但深度不足的情况。

因此，寻找用户共性需求，并依据各需求重要性/优先级，分层推进标准化，是机构破解此类困境的方法之一。

2.机构间同质化高，差异是什么不明显

考研培训机构通常根据各个考研科目的考试内容进行课程设计。但对于公共课来说，每年考纲变动小，全国统考的考试性质使其在地区、院校间的考试差异也极小，课程内容相似度高；即使是对于较难标准化的专业课来说，落到具体院校/专业层面后，每年的考试也仅有小部分内容变动，只需根据历年考试情况进行补充或微调即可。

因此，机构如果忽略复杂多样的用户需求，仅仅根据学科及考试内容设计产品，那么将极易陷入课程产品同质化的情况，也更难在与其他机构的竞争中展现优势或独特性，从而打动用户，实现转化。

3. 用户需求多样化，重点是什么

在上述两点困境中，我们发现明晰用户需求是解决问题的重要切入点，但用户的需求是多维且丰富的，粗略分析至少存在以下三大类。

（1）学习需求：如何学。与高考不同，研究生考试只能选择一所院校的一个专业备考。因此，用户在备考的初期首先需要明确备考专业及院校，并根据硕士学位的类型进一步确定考试科目内容。确定学什么、如何学是用户主要的学习需求。

（2）报班需求：如何更好地学。在日趋激烈的考研竞争中，学得比别人更快、更好、分更高，最终能成功"上岸"是许多学生在漫长备考时光里最重要的目标，但并不是所有人都寻求过机构的帮助。因此，选择或考虑报班的用户必然有区别于他人的独特需求，希望通过机构，满足如快速高效获取完整学习资料、学习督促等服务。

因此，明晰用户需求后仍需进一步划分类型及优先级，才能构建出清晰完整的用户分层模型，从而为产品矩阵设计提供参考。

（3）流量获取成本高，转化怎么做。当上述三大困境得到解决后，面对高昂的用户线索，机构还能依靠哪些因素促进用户转化？即用户的决策还受到哪些因素影响，这也是机构急需解决的问题。

综上，明确用户需求是破解机构困境的首要一步，基于用户需求才能更好地执行产品设计、提升用户学习 / 使用体验，从而提高机构口碑，促进用户转化、转推荐，降低客诉、退费等负性事件发生。

二、项目推进

基于第一章的讨论，我们明确了"用户需求"的重要性。但用户需求发生在其与机构接触的各个节点上，如图 2-5 所示。

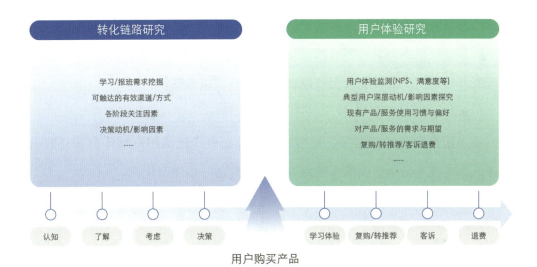

图2-5　用户旅程地图

　　为了更精准地获取用户调研结果，高效厘清用户需求，我们还需回答以下几个问题。

（一）以用户旅程地图的哪一阶段作为调研切入点？——转化决策链路

　　用户在转化决策链路中表达的需求、与机构的交互过程、建立的认知等是后续一切学习行为及体验的基础。以此为切入点，能够站在用户旅程地图的上游，从而更清晰地理解用户的学习需求及其演变过程，为后期分层布局课程产品，满足用户需求，并给用户带来较好的学习体验打下良好基础。

（二）采取哪种调研手段？——定性定量相结合

　　由于前期并未沉淀考研用户的相关调研结果，在用户画像、需求等内容均不明晰的情况下，期望使用定量手段快速明确用户需求是缺少抓手的，可能会在问卷设计上出现一定的遗漏或颗粒度不够精细的问题。因此，对于考研用户转化决策链路的调研将分为两个阶段进行。

1. 第一阶段：一对一用户深度访谈

梳理考研用户的转化决策链路，形成用户需求地图。

2. 第二阶段：问卷调研

基于用户深度访谈结果，通过定量手段在更广泛的用户群体内获得数据验证，并完善考研用户画像，帮助业务方实现进一步决策优化。

明确调研切入点及方法后，我们将考研用户的转化决策链路进一步拆分，并形成对应的调研内容。

（1）梳理用户参加考研培训的决策流程，探究用户的学习、参培动机及行为表现。

（2）了解用户与考研培训机构的触点/渠道，机构印象及其形成来源、影响因素。

（3）深度挖掘用户付费决策流程中的关键动机及影响/考虑因素，存在的痛点与机会点等。

三、项目成果

（一）研究发现概要

深度访谈多位考研用户后，我们梳理了用户转化决策链路，并以此为框架呈现调研结果，如图2-6所示。

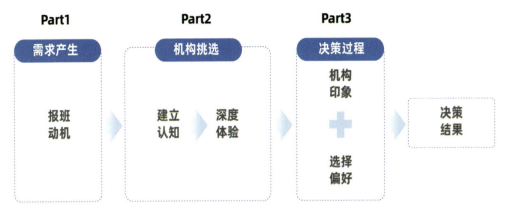

图2-6　用户转化决策链路

总体来说，调研结果发现以下几个问题。

1.需求产生阶段

机构需要在与用户的接触过程中，不断激发和巩固用户的报班动机。此时，机构需要围绕用户报班的核心需求，即省心和安心两大心理动机，以此为抓手向用户传递机构相应的产品与服务信息。

2.机构挑选阶段

对机构的认知与了解是用户产生后续深度交互的前提。在交互过程中，用户不断地收集信息、考察机构、形成体验，从而为最终决策提供决策依据。

（1）机构需要通过在用户需求产生前或是报班的关键时刻及时占领用户心智。在本次调研中，我们梳理了目前的渠道铺设/营销等方式；通过对J公司（一家考研机构）的案例分析，拆解了其运营手段的可借鉴之处。

（2）我们针对用户与机构的两种高频深度交互形式（销售体验和实地体验）进行了系统梳理。销售体验中，用户会格外关注销售在态度、品质、社会角色、主动性、价值观上的表现。而在实地体验中则会重点关注机构环境、距离是否满足其需求。

3. 决策过程阶段

在最终的报班决策时，用户会基于在接触过程中形成的不同的机构印象，并结合自身对机构产品与服务的选择偏好，综合考虑后做出选择。

机构印象的形成来源丰富多样。根据用户对这些影响来源的信任程度，可将其分为自我信任、他人信任和其他信任三大类。

在用户选择具体机构的偏好中，名师对用户报班决策的影响力降低，测评工具的应用能够进一步加强用户对机构的信赖感。

（二）具体内容

1. 需求——报班动机

主要发现以下几点。

（1）用户的报班需求多样且极具个性，但围绕其深层需求（即心理诉求），可以抽象出"省心""安心"两大动机。

（2）满足用户需求的关键，并不在于满足用户所有的外显需求（即现实需求），而是抓住用户的核心诉求。

（3）用户报班的动机也是反映其不愿意选择盗版资源等备考手段的主要原因，在销售进行转化的过程中，可以进行提炼应用。

（4）最后，通过一个真实的流失用户案例，我们可以获得更加直观深入的理解。

2. 用户报班需求分析

机构常以用户提出的现实需求（即外显需求）作为线索来进行沟通，通常采用"用户提问""给出回答"的模式。（如用户提问怎样做备考规划→销售老师给出备考规划建议。）

但只从外显需求出发，容易出现以下问题。

（1）现实需求数量多，而给予机构的时间窗口有限。用户记不住所有信息或抓不住决策重点。

一问一答是最为常见的沟通方式。在多轮问答后，用户极可能无法记忆所有的沟通内容。根据艾宾浩斯遗忘曲线，用户大概率只能对沟通前期和结尾的回答有印象，如图 2-7 所示。

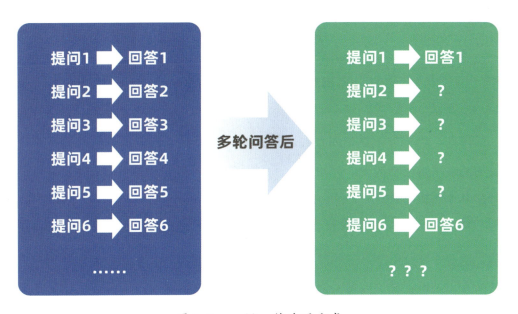

图2-7 一问一答沟通方式

同时，这种沟通方式仅仅是将信息"铺"在用户面前。对于用户来说是无重点、无结构的，使其很难在有限时间内把握报班优势，丧失决策重点，从而影响报班决策。

（2）用户的表达存在限制。表达的需求不等于真实／全部需求。

同一产品具有多项功能，而同一功能也可能通过其他产品得到满足，如图 2-8 所示。

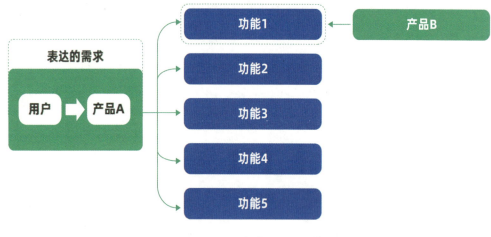

图2-8　用户表达的需求

因此，当用户表达出对产品A的需求时，其真正的需求点可能落在该产品的某一项具体功能上，如功能1。而功能1也可以在用户没有表达出需求的产品B中得以实现。

例如，用户期望在报班后进入班级群，有的是希望获得班主任的督促提醒，也有一部分用户是需要群内与研友共同学习的氛围。如果没有抓住用户背后的真实动机，就难以真正定制化地为用户提供解决方案。

（3）用户的主观理解。用户理解的产品功能不等于真实功能。

用户并非产品经理，对产品的理解和期望与企业是不同的。在实际沟通中，可能出现用户期望的功能无法在相应产品中得以满足的情况，如上图2-9所示。

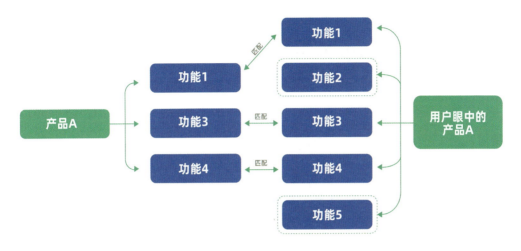

图2-9　用户理解的产品功能

例如，用户认为课程本身即需包含备考规划，即课程的设置应该是定制化而非标准化的。而在机构的服务体系中，备考规划由专门的老师负责，并非嵌入课程体系中，如图 2-10 所示。

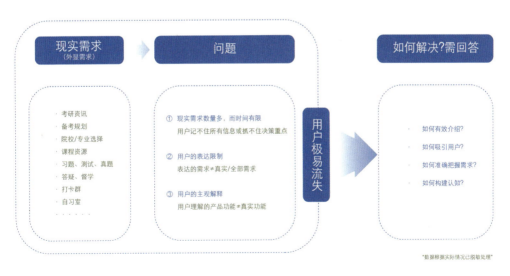

图2-10　如何解决用户的现实需求

为了解决上述问题，即需回答：

"机构如何在有限的接触时间内，根据用户需求展现报班优势，并给用户以强烈感知？"

因此，需要进一步向前追溯，找到用户报班的深层需求，即报班的心理需求。

3. 报班的心理需求

通过深度访谈与分析，我们发现用户存在"省心""安心"两大心理需求，并从这些内在角度出发，延伸转化为多种外在可见的现实需求。用户通过各种途径收集资源，寻找能够满足其需求的最佳方式，如图 2-11 所示。

图 2-11　用户报班的心理需求

具体来说，用户报班的心理需求表现如下。

（1）省心

①"省收集"——节约收集资源的时间。考研不同于高考，并非"全民备战"，大量收集工作需要个人独立完成，极大地消耗时间和精力。机构可以帮

助用户以更加省时省力的方式进行备考。

而用户期望获得的资源主要包括以下两类。

一是备考资源，如课程、资料、习题、真题等。

二是信息资源，又可以按照需求强烈程度与获取难度划分为：

·弱需求信息：考研资讯，如招生简章、报名流程、国家录取分数线、政策变动等（变动小，大致了解即可，实际用途相对较小，属于阶段性需求。位于信息网的外围）。

·强需求信息：院校 / 专业选择建议、目标院校内部信息，如复试信息、学长学姐资源等（在所有信息资源中占据比例大，每年均有调整且部分信息需要定制化，对考生备考影响大。位于考生信息网中更加核心的位置），如图 2-12 所示。

图2-12　用户的强需信息和弱需信息

对于强需信息，用户进一步提出了两维度要求，如图 2-13 所示。

图2-13　强需信息的两维度要求

一是定向性需求：考研是针对院校 / 专业的定向选拔性考试，需提早确定报考的院校和专业，而后开始有针对性地复习。"选择大于努力"，用户期望获得院校 / 专业选择上的信息及指导意见，帮助确定适合自己的备考目标。

二是内部性需求：用户认为机构应该有更广的人脉（如高校人脉），能够提供一些自己难以获取的内部信息（以复试阶段信息为主，如导师的偏好、复试考查内容等）。

有趣的是，处于这两个需求交叉位置的，是用户对目标院校中学长、学姐的沟通 / 学习需求。通过与学长、学姐联系，用户既能对特定院校、专业形成深度了解，也能获取更加内部、真实和一手的信息资源。用户对于学长、学姐的信任度也天然更高。对 A 公司来说，学长、学姐可以作为另外一种营销抓手，后面我们会有针对性地进行详细分析。

②"省判断"——节约判断质量的时间。网络上各类资源繁杂,来源存疑,评价各异。用户需要投入大量时间评估资源质量、信息准确性等,还需判断其对自身的适用性。

因此,用户期望获得更加准确、高质量的资源,避免走弯路。

③"省规划"——节省规划备考的时间。一方面,机构的课程更成体系;另一方面,机构可以提供更清楚的学习计划安排。

（2）安心

为了稳定备考状态,缓解自身焦虑并增添更多"底气",用户的"安心"需求主要体现如下。

①获取"有用资源"。在第一种心理需求"省心"中,机构可以通过提供大量资源,节约用户时间,从而满足用户需求。但如果资源数量太多,又没有清晰的主次之分,仍然无法解决用户的学习痛点。因此,用户期望通过报班获得对自身有用的确定性、针对性资源,在省心的基础上产生安心的感觉。

②获得"有效反馈"。

"考研就像在黑屋子里洗衣服,你不知道洗干净了没有,只能一遍一遍地去洗。等到上了考场的那一刻,灯亮了,你发现有的人忘记加洗衣粉,有的人用的是洗衣机。但只要你认真地洗过了每一个地方,那件衣服一定可以光亮如新的,而你以后每次穿这件衣服时都会想起这段岁月。"

——知乎高赞回答

备考过程中的无反馈状态,使用户不能准确把握自己的复习进度和水平,无法及时做出调整,从而会带来极大的不安全感。

建立有效的反馈机制，能够帮助用户建立掌控感，稳定复习的状态。如机构提供的定期测试／摸底、答疑解惑（学术类、非学术类）等。

③利用"有利环境"。对于在校备考用户，虽然有良好的校园环境作为支持，但仍会存在部分问题：图书馆可用于复习，但备考位置不固定，需要抢座；备考资料没有稳定存放点，每次都要来回携带不方便等。

而在职备考用户复习时的不稳定性更大，居家复习则对自制力要求较高。

基于以上困难，机构如果能在环境维度上为用户提供帮助，也可以极大缓解用户的不安感。例如，机构可以提供以下帮助。

一是线下自习室（成本高，但是调研发现对用户的吸引力较强）。

二是每日打卡等线上签到类活动，也能够达到一定的激励效果。

三是学习方式。

A. 教师授课

B. 督促陪伴

学管每日提醒学习安排，监督学习计划执行；或是找到研友，互相督促学习。

这些服务、授课方式等都遵循了用户多年养成的学习习惯，帮助用户塑造与学校相类似的学习环境。进入熟悉的学习模式后，也有利于用户产生"安心"的体验，从而增加对机构的信赖和依赖。

报班 vs 盗版学习资源

与用户的报班需求相对应，我们在访谈中也挖掘提炼了用户不选择盗版学习资源的原因，可以作为劝学的切入角度。

（3）烦心

①收集麻烦，资源不易得。课程内容不全面，较为零散；院校内部资源触达困难。

②辨别烦琐，质量难保障。因课程质量问题更换复习材料，成本较高。

③安排无序，节奏难把握。仅提供课程，无法提供相关讲解和服务。

（4）焦心

①缺乏针对性。盗版课只能提供基础阶段的课程内容，对具体院校参考价值小。

②没有反馈。盗版课为线上录播形式，不能实现即时交互。也没有完善的服务体系，无法提供测试、答疑、督学等服务。

除此以外，用户反馈盗版课还存在以下问题：

①时效性较差：课程内容更新不及时；或仅为一次性课程，不会根据每年考点变化进行更新。

②缺少其他服务：无法提供课程以外的服务，如情绪调节等。

第二节 应用——一个真实的流失用户案例

结合前文决策需求的分析，我们针对访谈中 A 公司的一名流失用户进行了案例拆解。

一、案例背景

小王同学是 A 公司的一名流失用户，她本科学习审计，目前正在脱产备考华东师大心理学专业硕士。小王同学的报班基础较好，之前曾在 A 公司报名过 CMA 的课程，感受到班班一直都很认真地跟进课程进度，在开课、学习、考试报名等方面都会提供帮助，所有学习上的事都可以沟通。因此，小王同学对 A 公司的印象很好，跟班班的关系也很好，也是通过班班了解到 A 公司有考研培训。

在了解考研培训机构之初，小王同学的第一选择是 A 公司，因为她认为 A 公司的服务和课程都特别好。小王同学表示"虽然当时还不太了解考研的具体信息，但觉得 A 公司考研应该也不会差。一开始，这三家机构（A 公司、Q 公司、J 公司）就不是一个公平竞争的状态"。

那么，是什么原因导致这名"优质用户"转变为"流失用户"？

根据与小王同学的访谈可以发现，小王同学提到的报班需求很多。但如果根据上文中我们的分析框架，仍然可以将其具体需求分为心理需求和现实需求，分别对应用户的"省心"和"安心"感受，如图 2-14 所示。

图2-14　用户需求分析框架

用户表达出需求后，由销售进行承接并给予反馈。但在与销售的接触过程中，小王同学却体验到了销售提供的解决方案与自身需求不匹配，其可用性、参考价值低等问题。

"A公司的那个老师感觉像没做多久的销售，对业务了解也不是非常全面，给的有用信息比较少，有时候回答问题都有点答不到点上。"

"（A公司销售）老师还推荐了一个学长，但那个学长是报了公共课的学长，根本不是报名心理学一对一课程的，我主要是担心专业课，（这个学长的经验）对我来说没有什么参考价值……可能这个销售老师觉得我对A公司没有什么信心。"

最终，小王同学基于自身需求，认为J公司的课程形式更全面，课时更充足，并聚焦于心理学专业课，性价比更高。同时，小王同学在与J公司已上岸学长学姐的沟通过程中，感觉亲切、有共鸣、有说服力，对J公司形成了良好的印象。

综合考虑后，小王同学选择报名J公司，成为A公司的流失用户。

基于以上案例分析结果，机构在与用户接触时需做到以下几点。

（一）听懂并准确回答用户问题

与用户的沟通过程中，需要明确用户存在哪些需求和疑问，并给予准确、可靠、有价值的答复。在这个案例中，对于跨考心理学的小王同学来说，专业课的重要性比公共课更高。销售需准确获取用户需求，并提供对口帮助，而不是重点推荐对用户价值低的公共课资源。

（二）完善能够满足用户需求的产品矩阵

从小王同学案例可以看出，她认为A公司在专业课的课程设置上无法给予她充足的安全感（只有40节课，感觉课时太少，且形式上只有一对一课程）。她更希望选择时长更长、更加细致的专业课程体系。

（虽然后来小王同学通过实际备考发现，自己可能并不需要之前想象中的那么多节专业课，A公司的课程设置或许完全可以满足她的需求。但在选择机构的关键节点上，她存在很大的认知盲区。）

（三）聚焦心理需求，在有限时间内吸引用户注意

从用户深层的心理需求入手，能够帮助机构避免陷入低效、重复的信息传递状态，也有利于准确击中用户内在的真实需求，建立信任感。小王同学的现实需求多元且分散，但背后的心理需求则更加聚焦。

（四）梳理用户需求网络，以满足用户需求的方式表达

报班需求并非单一的散点，而是以网络形式，互相联系、互相影响而存在。

对于小王同学来说，通过报班加入班级群、知晓他人的复习方向，能够给她带来同研友"一起复习"的感觉。并且这种感觉会同"专业""正规渠道"所带来的放心感一起，满足小王同学的"安心"的心理需求。

探明用户的需求网络，可以由点及面地把握用户需求，从而以满足用户心理需求的方式回应用户表达的问题和需要。

正如在小王同学的案例中，通过梳理她的报班需求网络，销售若能在回应时，以"有体系""全面"的方式输出，满足用户需求，避免给她带来"对业务了解也不是非常全面"的感觉。

（五）融合机构的服务网络，满足用户完整需求

探明用户需求网络后，可根据用户提及的问题和需要，找到背后的核心需求，并沿着需求网络的辐射路径，找到同样满足该核心需求的产品或服务。这有利于机构将自身的服务网络与用户需求网络相融合，以一套完整的内容

"兜"住用户，巩固用户报班需求和动机，如图 2-15 所示。

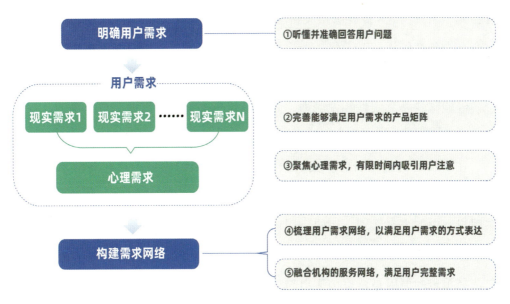

图2-15 明确用户需求构建需求网络

在这个案例中，为了满足小王同学期望获得的"一起复习"的学习氛围感，除了提供用户自身提及的班级群以外，机构还可以介绍其他相关的服务，如自习室等，从而将机构服务嵌入用户需求网络。

（六）其他影响因素

1. 同辈影响

用户在进行报班决策时，通常会受到身边同龄人建议的影响，自己的决策容易被干扰。当有相同报班需求的人向自己提出参考意见时，会产生一种从众心理而选择与对方相同的机构，即使没有选择相同的机构，也会因不甘落后于对方而产生一种竞争意识去促使自己选择更适合自己的机构。

2. 经验建议

经验帖的创作者通常为有考研经验的"过来人"。在经验帖中，创作者通常会先"自证身份"，提供相关备考或是录取信息作为证明，锚定印象。之后结合个人备考经历，对考研是否需要报班、如何备考、如何选择机构等进行详细多维的比较分析。

经验帖具备真实性和说服力，是用户报班决策参考依据的重要来源。

3. 其他

在后续的定量调研中，我们验证了上述定性结论：用户在备战考研时选择报班的原因正是出于其省心、安心的心理需要。同时，明确了各类报班原因在用户心中的主次区别，例如，用户最主要的报班需求是希望通过机构获取考研信息（72%），还能有人督促自己学习（62%）。除此以外，也还有近半数用户选择报班的原因是希望构建出与过去学习习惯类似的学习环境，例如，由老师带学的课堂环境，并且在学习后能获得测试、答疑等学习反馈。

在进一步的用户分型中我们还发现，与大学生用户相比，已毕业用户报班的最主要动机是自身基础薄弱（71%），其他服务类原因对于其报班决策的影响相对较小。未来在与这类用户沟通时，可更多地强化报班对于基础能力的提升，从而增强用户报班的决心，如图 2-16 所示。

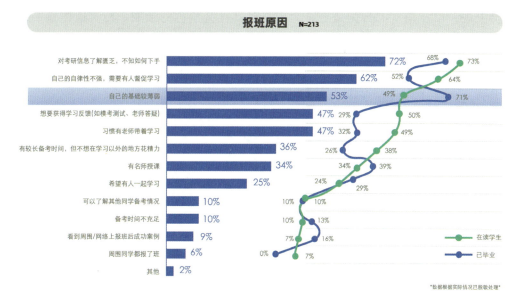

图2-16　考研报班原因

二、行为——挑选机构

（一）主要发现

通过前期业务延伸、线上线下渠道铺设/营销等途径，机构可与用户建立联系。其中，招募大学生作为机构代理等兼职形式，是否也可以作为一种用户的"拉新留存"手段，可在未来进行探索。

将自媒体作为推广渠道，以上岸学生经验帖为载体的老荐新手段是一种成本低、效果好的推广方式。通过对J公司的实际运营手段分析，我们发现上岸学生的经验帖具有内容丰富、复用率高、人力成本低等优势，更容易与用户建立信赖关系，有利于后续用户的引流和转化。

在访谈中发现，线下讲座可能存在内容同质化问题，会对转化效果带来潜在的负面影响，未来或需重新审视其价值。

在与销售的深度接触中，用户会格外关注销售的态度、品质、主动性、价值观，以及销售的行为是否符合用户对其社会角色的预期。在实地体验中，用户会重点关注机构环境以及距离。

（二）建立认知

根据用户在产生需求的节点上对机构的了解情况，可以分为以下两种情况，如图 2-17 所示。

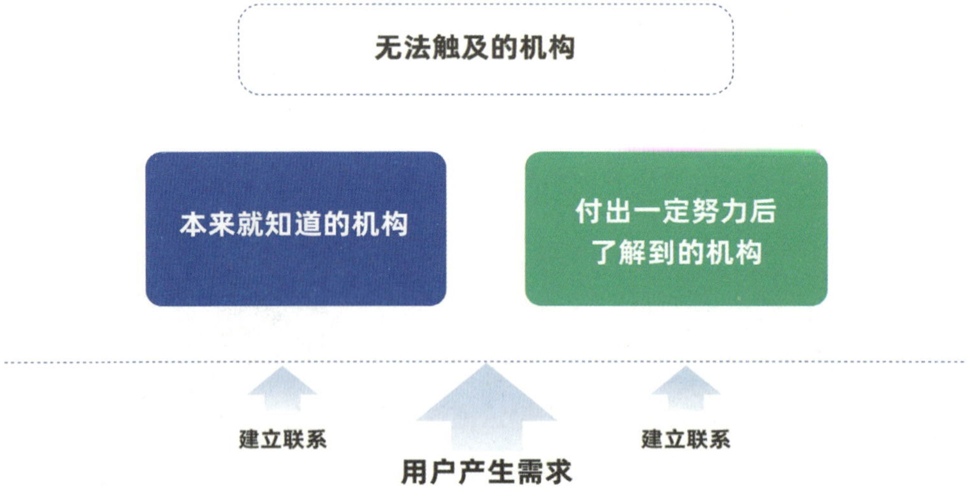

图2-17　用户了解机构

1.本来就知道的机构——通过前期投入，在用户产生需求前，已经与用户建立起连接

符合这类情况的机构，可以按照它们的前期投入方式，分为以下四种类型。

（1）通过在更早的用户 LTV 阶段进行业务延伸而建立认知（通常为综合性机构）

例如，X 公司。

（此处举例仅作为说明使用，无法代表用户整体趋势上的显著性分布，需要进行定量验证，下同。）

整体上，这类机构的品牌知名度相对更高，且业务更加多元化。用户在考研之前，可能就有过在该机构的学习经历或接触。例如，高中时参加过 X 公司的英语培训课程、大二时了解过 A 公司的 CPA 课程等。

（2）通过渠道铺设 / 营销等前期投入，与用户建立起一定联系的机构

例如，W 公司。

与第一类机构相比，这类机构的业务可能多元性较低，或业务未触及用户。于是，这类机构更多通过对目标人群的推广营销等前期投入，来建立用户与品牌之间的联系。

因为用户在还没有明确考研报班需求的阶段，更多依赖于信息的被动接收。信息传达方式更多与机构的"存在感"显著相关。

（3）占据较好地段、有着较为正面形象的门店

门店价值除了常规的显性价值之外，还有隐性价值的作用，如图 2-18 所示。

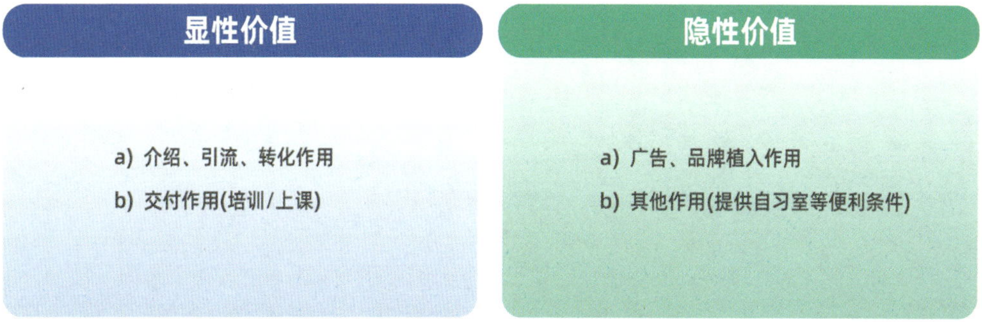

显性价值	隐性价值
a) 介绍、引流、转化作用 b) 交付作用(培训/上课)	a) 广告、品牌植入作用 b) 其他作用(提供自习室等便利条件)

图2-18 门店的显性价值和隐形价值

机构门店对提升在校学生的宣传效果有很强烈的价值。在用户常见范围内设置门店，可以通过不断"刷存在感"对用户的心智带来很大影响。

（在后面"实地体验"部分，对于用户关注的线下门店维度还有深入分析。）

①线下活动/推广。例如，体验营、宣讲会/讲座、地推、海报、广告牌等。

②线上活动/推广。例如，抖音广告、直播讲座、（出圈）名师（例如，汤家凤"你怎么睡得着？"）等。

（4）通过其他途径（如大学生兼职）与用户建立起联系的机构

例如，海学。

招募大学生做兼职、代理等是高校渠道常用的推广手段。但是在这里，我们更多关注于参与机构兼职工作这个行为，反过来会给用户带来的对机构的熟悉和认同效果。在访谈中，我们发现有部分用户是通过兼职等方式反向了解、熟悉机构的，说明兼职等雇佣关系，也可能是一种很好的打通用户的手段，如图 2-19 所示。

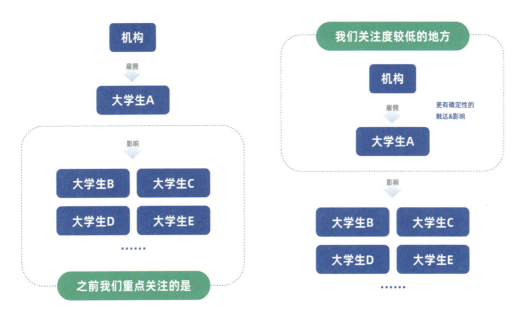

图2-19 机构与大学生建立雇佣关系

机构在与兼职大学生建立雇佣关系时，本身就是一种带有极高确定性的连接方式。我们是否可以换个思路，把学生在与机构建立雇佣关系的过程，转换成一种"拉新留存"手段？

由于时间限制，我们只能在本次报告中简要分析该方向可行性，未来或可进行更深入的探索。

首先，从用户角度来说，大学生对于兼职赚钱的机会感兴趣程度和参与程度均较强。艾媒咨询的数据表明，2022 年，中国大学生群体中，有课外兼职的占比在 80% 以上，如图 2-20 所示。

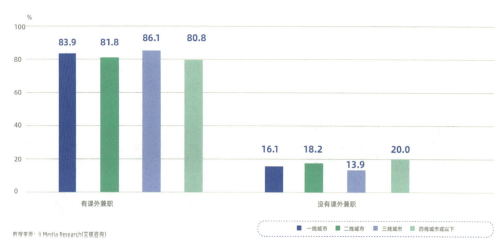

图2-20 2022年中国大学生群体课外兼职情况

其次，从机构角度来说，雇用学生兼职的许多环节（如培训等）都是很好的品牌心智建立过程。根据心理学中的海德平衡理论，人普遍有认知上的平衡需要，如图 2-21 所示。

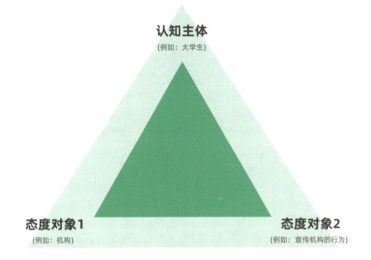

图2-21 海德平衡理论

放在兼职场景中，就是当兼职大学生为机构做推广宣传等活动时，在内心层面更容易认可这家机构。而且，一旦用户建立起与机构的连接，就可以通过"自己人"的方式，通过内部员工折扣等活动形式，更好地吸引用户转化。

2.用户付出一定努力后了解到的机构

这些机构在关键节点上的铺设效果较好，在用户想要收集信息、进行比较等关键时刻，可以进入用户视野范围内。

用户产生考研报班需求后，想要了解、比较机构时，通常会通过以下方式来进行信息的收集，如图 2-22 所示。

图2-22 用户收集信息的方式

在后续的定量分析中，我们进一步量化了各个信息渠道的使用情况及其有效性，发现以下几种情况。

一是在外部渠道中，考研机构是用户收集相关信息的最主要途径，超过半数的用户会选择通过机构来进行前期的信息收集工作，且机构带来的帮助效果也得到了用户认可。

二是互联网非官方渠道中，知乎仍是使用率最高且帮助程度最大的渠道，需要重点运营（该渠道存在许多营销成功案例，我们将选取一家典型机构在后续详细分析）。

三是跨专业考生前期需要更多决策信息，更认可搜索引擎的帮助效果；相比之下，本专业考生则认为讲座/宣讲会的帮助更大，具体见图2-23。

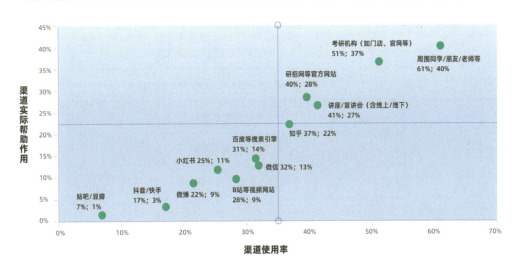

图2-23 各考研信息渠道使用情况

第三节　线上渠道营销成功案例——L公司

一、L公司基本情况介绍

表2-1　L公司基本情况介绍

公司名称	湖南省L公司
公司地址	湖南省长沙市×× ×
分支机构	湖南长沙
成立时间	2015年
注册资本	200万元

续表

公司人数	197 人左右（全职）
产品定位	心理学考研咨询教育机构
宗旨	"考研人帮考研人，我的今天你的明天"
产品类型	培优全程
	高分全程
	VIP-C
	VIP-B
	VIP-A
	SVIP-C
	SVIP-B
	SVIP-A
	仅 SVIP-A 班型包含线下课程。不同班型所包含的服务项目不同

二、推广方式

L公司的推广方式是通过自媒体渠道，经由老荐新完成用户的引流和转化。

机构通常会让先上岸的考生撰写一篇完整的考研文章，再根据不同平台的发布规则、用户浏览习惯等进行拆分和再编辑，并最终发布。

L公司主要铺设的渠道有知乎、微博、小红书等，发帖形式略有不同。

知乎、豆瓣、贴吧适合发布长文章，内容涵盖考研过程中诸多方面的信息，较为细致。

以知乎的一篇高赞经验帖为例，分析发现以下情况，如图 2-24 所示。

（一）吸睛标题抓取不同类型用户，并以高赞帖作为流量入口，链接同机构的其他经验帖

辞职三跨——华东师范大学心理学考研绝对良心干货（2021年/22级心理学考研）

 化名王小明 ✔
华东师范大学 应用心理硕士

＋ 关注他

5,009 人赞同了该文章

任性置顶：如果你看完觉得有那么一点启发，可以给我个赞，如果能把我专栏的文章都赞一遍，那真的跪谢大家了。点赞是对于我的劳动跟经营的认可，文章的干货大家免费用，但是请反手就给我一个赞，给我一点鼓励，谢谢大家了。

心理咨询预约入口：经过两年的努力，学长慢慢成长为新手咨询师啦，开始接个案了——有需要的同学或者朋友可以点进去预约哦。

化名王小明：我可以陪你走一段—心理咨询预约入口
12 赞同 · 8 评论 文章

知乎专栏：欢迎看看跟订阅~不定期更新干货，以后也主要在那边更新。(各院校考情分析，每年考生经验分享，应有尽有)

心理学考研
🔗 www.zhihu.com/column/c_190072691

心理学人的小圈子：知乎酱让我开了个心理学考研的圈子，可以方便大家沟通交流，大家可以加入哦，以后有什么不懂的问题可以在里面发帖交流。我们一起把自己的小圈子经营好，我也会经常在里面回复大家哦。

心理学考研小树洞 - 知乎
🔗 www.zhihu.com/club/1182326101472440...

▲ 赞同 5009 ▼　　● 825 条评论　　✔ 分享　　♥ 喜欢　　★ 收藏　　▣ 申请转载　　⋯

图2-24　知乎高赞经验帖

（二）晒图自证，建立信任，激发用户向往

晒图自证，建立信任的方式，如图 2-25、图 2-26 所示。

图2-25　录取通知书　　　　　　图2-26　录取通知书

（三）露出线索，吸引用户主动联系

经验帖大部分篇幅中不会刻意提及考研机构，但会与其他考研资源、获取渠道一同出现，嵌入备考经验分享的各个环节中，使机构线索被用户自然接收，存入认知。在进行机构方面的讨论时，用户的接受程度也会更高。

适时地露出考研资料、内部信息等内容，作为线索，吸引用户主动联系上岸考生，进行后续的沟通，如图 2-27 所示。

1.考研前收集信息阶段

我从2016年10月份开始陆续收集资料，主要是看有哪几个学校的心理学比较好，以及心理学的主要内容是什么。

主要途径是通过**百度贴吧**、**考研论坛**、**考研机构**、**考研群**了解。我自己总结下来还是去考研论坛和考研机构了解会比较具体以及全面。我的方式就是去考研论坛看帖，加学姐学长QQ、私信，然后打电话询问机构。

于是我就通过以上途径了解到心理学最好的三所学校：**北师大，北大，华师大**。

那么我的考虑范围就定在这三所学校的专硕。我一开始是打算报考北师大，因为我在北京读了四年大学，比较熟悉，因此我其实挺想回北京深造。

图2-27　释放线索吸引用户

（四）根据用户心理需求，以"中立"视角分析机构优势

文字对态度信息的传递效能远低于音频，极大降低用户对"目的性"的感知。

（五）以情感化、情景化的描述，引发用户共情共感

营造身临其境感，用户能够代入自己的真实体验和感受，拉进双方的心理距离。

看似"鸡汤"的文字，既是一种激励手段，也能树立上岸考生在用户心中的榜样形象，利于信任的建立以及后期转化，如图2-28所示。

首先感慨一下今天上海的阳光真好。

今天是5月12号，我坐在华师大的田家炳楼中慢慢地写着这个经验帖。田家炳楼就坐落在心理学院的旁边。春夏之际，格外充满生机。坐在一楼的自习室中，大大的落地窗外映入和煦的阳光和绿意，身旁错落有致的位置上坐满了前来看书的同学。

看到此情此景，不免有些感怀。回想到一年前我还是一个刚刚离职充满迷茫与不安的23岁青年，当时只是想着不希望二十多岁的芳华岁月在国企中蹉跎，我还有梦想，我不能等下辈子。于是我就辞职了。

但是辞职后并非问题解决，恰恰是更多问题的开始——没有工作，没有收入，没有考研信息来源，父母的担心跟质疑，自己对于未知的焦虑等。我只有打算考心理学的模糊方向跟前期在网上查到的少许信息，只能自己慢慢摸索，边走边看。现在回想真有点心有余悸！如果自己运气没那么好，二战、三战、四战怎么办，我应该会被现实击垮。

所以我就觉得应该要写一篇帖子，给决定走上考研这条路的学弟学妹，以及有工作经历的朋友，分享一下自己去年一年备考的经验跟心路历程，让你有一些方向，并且知道这条路你并不是一个人在走，在你之前、现在、未来都有人前赴后继。你并不孤单，你的痛苦有人能理解。

图2-28　情景化描述引发用户共情

　　小红书、微博适合发布不超过千字的短文，包含用户期望了解的各类信息，并结合图片、视频的形式来进行展示，如图2-29、图2-30所示。

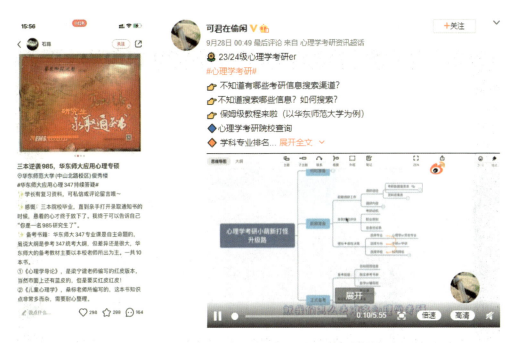

图2-29　小红书引流案例　　　　图2-30　微博引流案例

除此以外，机构目前还会录制考研讲解视频，在 B 站、抖音等视频平台上线。通过引流用户到达公众号、淘宝店铺等交付平台，完成报名，如图 2-31 所示。

图2-31 视频平台引流案例

各个渠道上发布的内容都是相似的，仅会进行呈现形式上的调整。

三、推广人员

发布经验帖的人绝大部分是已上岸的考生，同时作为机构的兼职销售。

销售分为以下几个等级：实习生、初级课程顾问、中级课程顾问、高级课程顾问、主管和经理。

实习生转推荐成功后，可获得 × 元 / 人的提成。但实习生只能将有报班意向的用户推荐给上级销售，不能单独完成报班流程。机构还会给实习生设置晋升门槛：当实习生推荐成功人数满 × 人时，可以申请转正。机构会对实习生进行转正考核，主要考查实习生对课程知识、班型，以及机构本身的了解程度。转正后，机构会针对实习生进行销售话术、技巧、如何引流等方面的培训。

初级课程顾问及以上可以独立完成报班流程，提成为成单价格的 10%。

高级课程顾问及以上可以开始带团队，收入中会增加团队业绩抽成。

四、推广效果

（一）报名人数

据目前的了解，L 公司几乎没有进行付费广告投放，仅通过线上口碑裂变传播。

在 L 公司铺设的渠道中，知乎的流量最大，约 60% 的成单用户来源于知乎。用户通过浏览经验帖，与已上岸的考生取得联系，并最终转化。

在 L 公司覆盖的 44 所院校中，华东师大、南京师大、西南大学的专硕，以及 312 统考院校的招生人数是最多的。

以华东师大心理学专硕为例，21 级考研报名人数为 1500 人，每年增长人数约为 200 人，预计 22 级报名人数为 1700 人。目前在 J 公司报班的人数已超 400 人，9 月还将迎来一次报名旺季。可以说，在报考华东师大心理学专硕的考生中，有三分之一的考生来自 L 公司。这与 J 公司每年的复试上线比、录取比相吻合。较大的报班基数，也为下一年的口碑传播奠定了基础。

（二）转化

推广主要依赖于兼职销售撰写文章，以及与用户保持后续沟通后进行，因此，该部分的成本绝大部分源于转化成功后的销售提成。

转化链条最长的情况下，用户会首先接触在各大平台发帖的实习生，经由实习生介绍，与课程顾问或更高级别的销售取得联系，并最终完成报课。

以上岸考生撰写经验帖的形式转化用户，具有以下优势。

1. 经验帖承载内容更丰富，复用率高，人力成本低

从人力方面，上岸考生在录取后会有一段较长的空档期，有时间、有精力进行经验帖的撰写和润色。无论是出于展示自我形象，期望助人或是拓展人脉等原因，上岸考生都会更有动力进行经验分享。因此，在经验帖产出阶段，机构无须投入任何成本，有意向的考生会自发参与进来。

另外，通过一次经验帖的撰写，既可以将完整文章在多个平台投放，也可以将内容拆分为多个部分持续投放。这也是一种与用户保持联系的方式。

2. 上岸考生本身即是难以获取的资源

相较于普通销售，上岸考生更加了解院校内部，能获得校外机构所不易获取的信息。

通过一般的搜索渠道，用户很难找到符合自身需要的学长学姐。即使找到，也很难与对方保持长时间的联系。这也是用户选择 L 公司的主要原因之一——期望通过机构与上岸考生建立稳定沟通，与最"新鲜、一线"的考研人交流，及时获取考研动态，调整复习规划，避免踩坑。

3. 身份优势，与用户心理距离更近，易建立联系

由于销售的固有身份认知，用户在沟通过程中容易受到先入为主的印象影响，认为机构销售更加具有目的性，处处充满推销的气息。

图2-32　上岸考生的身份优势

相对职业的销售来说，上岸考生在用户心中的可信度、真实性都会更高，相应的转化率也会更高，如上图2-32所示

同时，基于用户的信任，机构也能通过经验帖，将报班优势、机构的服务、特点等信息（如J公司的一对一服务优势）"存入"用户的认知中，占领用户心智。

4. 经验丰富，有效击中需求点

上岸考生拥有完整的考研经验，了解备考过程中用户的心理需求和痛点，能够更准确地通过经验帖传达有效信息。

与此同时，还存在以下问题。

（1）学生团队流动率大

上岸考生兼职一年后，大多需要进入硕士毕业论文准备阶段，容易脱离机构工作。因此，每年机构都需要在考生群中重新招募新人。

（2）上岸考生影响力的两面性

依赖上岸考生所具有的真实性、信息度而建立起的口碑需要小心维护。如果用户购课后体验极差，甚至连报班的最基础需求都不能被满足，那么这类

"经验人士"站到机构对立面所带来的负面影响也是极大的,"水能载舟,亦能覆舟"。机构需要做好后续服务,谨防发生口碑坍塌的风险。

第四节　有待革新的传统线下渠道——讲座

回顾用户的报班需求,用户期望通过报班获得的是省心、安心的心理体验。在每一道用户与机构接触的关卡上,均需要为用户提供这样的体验,始终跟随用户需求。

目前,机构举办的线下讲座,主要是进行考研资讯、机构信息的传递,从而达到获客的根本目的。

在调研中我们发现,线下讲座存在以下问题,可能导致该类渠道在后期的 ROI 持续走低。

一、考研讲座内容同质化严重,缺乏吸引力

讲座并非用户获取信息的首要渠道,而且需要占用用户相当多的时间、精力。对用户来说,讲座的时间、地点安排相对被动,并不能成为即时的信息获取途径。各机构之间,讲座内容差异性较低。如果讲座仅是普遍资讯的"搬运工",并没有抛出吸引用户继续了解的"亮点",那么对用户来说,听讲座不能成为一个"高性价比"行为。讲座无法达成其传递信息的目的,反而会失去一部分用户。

二、考研讲座吸引到的用户质量有待提升

在本次访谈的 14 名用户中,共有 5 名参加过线下讲座,其中主要是为了

获得人头费或是参与抽奖，而真正期望通过讲座进行信息了解、对比考研机构的用户仅有 1 人。（访谈样本量较小，不具有数据层面代表性，接下来还可考虑进行专项探索。）

参加动机维度上，有 2 人用户是为了参与抽奖，或是获得人头费；而期望通过讲座了解、对比考研机构的用户仅有 1 人。

所以，讲座作为传统线下推广方式，可能需要重新审视其 ROI，引入更多创新手段。未来可有针对性地进行深入探索。

三、深度体验

销售体验：

销售作为大部分用户与机构深度交互的第一道触点，承接了大量的用户疑问和期待，极大地影响用户决策。

四、销售岗位要求分析

根据心理学家 Spencer 提出的岗位胜任力的素质冰山模型，可以将岗位素质分为两大类，如图 2-33 所示。

图2-33　岗位素质分类模型

（一）（表层）基准性素质

（表层）基准性素质主要包含知识和技能，它们是对岗位任职者的基础能力要求，但并不能区分表现优异者和表现平平者。这些能力可以较为容易地通过针对性的培训而获得。

对于机构销售来说，这些基本的知识与技能就是在与用户接触时，以满足用户报班需求为前提，专业、熟练地将考研资讯、机构信息等传递给用户。

这部分内容，我们已在"第一章：报班需求"中进行了分析。

（二）（潜层）鉴别性素质

（潜层）鉴别性素质是更为潜在的岗位能力，主要包括态度、品质、社会角色、主动性、价值观。这些能力更加感性，是能够挑选优秀销售的重要区分因素。基于这部分能力所展现的销售行为，同样贯穿于与用户的交流过程中。

1.态度

（1）倾听

保证与用户的沟通渠道真正畅通，销售需要"察言观色"，及时、准确地感知并判断用户的需求点。

（2）耐心

与用户的交流不是一蹴而就的，焦虑急切的销售会将情绪传递给用户，既无法满足用户"省心""安心"的心理需求，也不能给用户带来愉快的体验。

（3）温柔

温柔的感受包含被关注、被包容、可以依赖的心理体验。温柔的态度能够帮助用户将机构作为自己备考过程中的"安全岛"，以此建立稳固的心理联系。

2.品质

（1）真诚

"真诚"需要销售以真心实意、坦诚相待的方式，与用户建立联系，而没有依据的承诺则会极大程度地破坏真诚体验。

（2）诚实

保证各个渠道的口径一致，保持用户认知与体验一致。

同一家机构（海学）提供了不同的报价，申请了特价的销售比没有申请的报价还高，让用户感觉受到了欺骗。

（3）不贩卖焦虑

要以平和心态对待。不贩卖焦虑。

（4）有理有据有节

在评价其他机构时要十分谨慎。

3. 社会角色

社会角色是指人们由于个体的特定职业身份所带来的行为期望。在这里，就是由于销售老师的身份，用户对其自然产生的心理预期（比如能提供报班专业建议等）。

（1）作为销售需要塑造自身专业化的形象

①工作能效。主要表现在快速获取用户需要的信息并及时回应。

②表达方式。做事干练，逻辑清晰。有的销售不仅不能向用户展现自身能力，还自曝短处。

（2）明确自身角色定位，在一定规范和边界下工作

由于 Z 世代年轻用户群体更有自己的主见，销售超越边界的行为会给用户带来压迫感，破坏用户体验。我们需要有节制地进行沟通，把握分寸感。

4. 主动性

销售需要把握与用户沟通联系时的度，在"主动"和"目的性强"之前找到平衡。

核心在于让用户感受到，报班的咨询过程是过程导向而非结果导向。

5. 价值观

年轻用户群体更重视对企业精神层面的认同感，销售作为机构的代言人，除了专业性、熟练度等核心维度，还可以通过树立"人设"的方式，获得年轻用户的好感。

另外，如果销售能够跳脱出客户角色，为用户提供情感关怀等附加价值，可能也会带来额外的收获。

五、深度体验形式——实地体验

相比于与销售的接触这种用户几乎必然发生的深度接触，实地体验发生

的可能性则更低。调研发现，在实地体验的场景中，大部分用户带有较强的目的性。例如，有报班需求，带着问题/需求去进行实地咨询；前期与销售沟通过，去线下机构进行进一步验证（眼见为实，认证机构资质、了解线下场地设备等）；活动引流（到店领取资料、福利）等。

对用户来说，机构的每一个触点都是构成其品牌价值的关键传导维度，线下门店也是如此。

具体来说，用户在去机构门店的实地考察过程中，会着重关注以下几个方面。

（一）环境维度

（1）整体印象；

（2）具体设施；

（3）工作人员状态；

（4）学员人数。

（二）距离远近 / 交通成本

在后续的量化分析中，我们同样对访谈中归纳出的关注因素进行了主次区分，发现：机构学生的上课氛围以及老师的工作状态是绝大多数用户（87%）考察机构门店时最关注的部分；在读用户对于教室 / 上课环境和自习室的要求都比已毕业用户更高；虽然仍有半数用户会在考察机构门店时考虑机构离家 /学校的距离，但其关注度靠后，因为距离是能够通过便利交通解决的，如图 2-34所示。

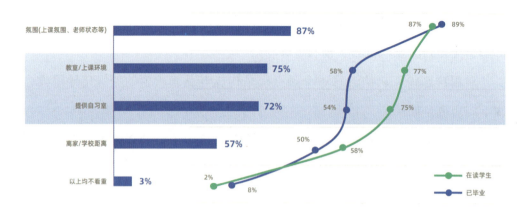

图2-34　对于场地设施的具体看重维度

第五节　"决策"报班行为

一、主要发现

用户形成机构印象的来源多种多样，包含机构的经营信息、营销渠道、用户自身体验，他人反馈以及负面新闻等维度。并且根据用户对信息来源的信任程度不同，可进一步划分为自我信任、他人信任和其他信任三大类。

用户在选择具体机构时，重点考虑的因素与其决定报班时考虑的因素高度重合。

调研发现，A公司在用户心目中的品牌拟人化形象更接近于28～32岁的男性，金融/财经领域精英。性格稳重，有一定的阅历性格沉淀，但同时又不乏活力。

调研中大部分用户在选择机构时，更看重机构师资的教学能力，而不局限于名师光环。同时，应用测评工具或许可以更好赢得用户的信任与安心感。

二、机构印象

（一）机构印象及来源

用户对于机构印象的来源多种多样，从访谈的结果来看，可以粗略分为以下五个维度，如图 2-35 所示。

图2-35 机构印象来源的五个维度

产生信任感是用户深度体验并形成机构认知后的最优结果，也是转化为消费力、付费报班的前提。信任是一种判断和预期，这种判断和预期源于对已知事物的观察与了解。用户形成机构印象的来源不同，所带来的信任程度也不同。我们可将其划分为三类：自我信任、他人信任、其他信任，如图 2-36 所示。

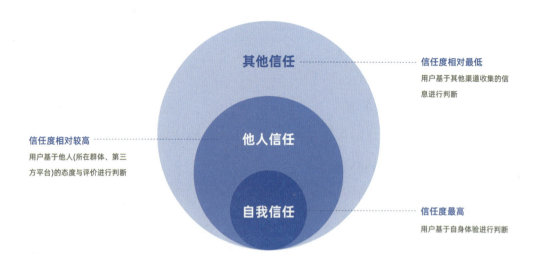

图2-36　用户对机构的信任程度

1.第一级信任：自我信任

自我信任通常基于用户的亲身经历产生。比如上文中提到的流失用户小王案例，因为在 A 公司报过 CMA 课程且体验很好，所以在选择考研机构的时候就会想到 A 公司。

2.第二级信任：他人信任

关系信任源于用户所处群体的态度及评价，同时也可源于第三方平台所展示的他人评价。

3.第三级信任：其他信任

除用户亲身体验和他人意见外，市面上关于机构的其他信息也会在一定程度上影响用户决策。

用户会通过甄别机构信息（如成立时间、机构规模、是否有成熟的产品体系等），再加入自己的认知判断产生对于不同机构的认识。

不过，即使基于同一信息，用户也可能持不同意见。成立时间长、规模大的机构让部分用户产生信任的同时，也让部分用户会对机构的服务能力和专业程度产生怀疑。

部分用户认为，机构规模大能够证明机构实力雄厚，但由于学生数量太多，大机构可能无法服务好每一位用户或者服务颗粒度不够。部分学员由此偏好处于发展中的机构，认为每个学员的声量和体验都能得到充分重视。事实上，服务是我们的核心竞争力之一，针对持有这种心态的用户，我们在前期宣传上，应该更加突出我们的精细化服务优势。

部分用户信任大机构主营业务，连带也会选择相信涵盖主营业务的其他课程，"Z 公司就是做考公的，与 ×× 有联系，我对（Z 公司考研课程）政治课的质量比较信任"。但也必须注意到，品类扩张让另外一部分用户产生专业能力不足、急于扩张的印象。

所有成功教育机构的发展史中，必定带有自己的立足点和品牌印记，正如考公之于 Z 公司，财经之于 A 公司。在扩品类、提高市场占有率的大趋势下，如何调整品类扩张给企业品牌带来的影响、提升用户信赖程度，是未来需要持续思考的问题。

最后要注意，负面消息很容易对用户造成影响，例如，虚假宣传、负面新闻，以及销售对其他机构的贬损行为等。

（二）品牌形象

根据 10 位了解 / 体验过 A 公司的用户反馈，我们抽象出了 A 公司品牌在用户心目中的拟人化形象，如图 2-37 所示。

图2-37 A公司品牌在用户心目中的拟人化形象

整体上，A公司在用户心中的形象更接近于28～32岁的男性，职业属性更接近于金融/财经领域精英。性格稳重，有一定的阅历沉淀，但同时又不乏活力。

相比于X公司、Y公司等老牌机构，A公司的品牌形象更加具有年轻化特征；但相比于Z公司等更加"年轻"的品牌，A公司则更加稳重、高端。

（三）选择偏好

用户选择机构时所看重的维度，也就是其报班时所重点考虑的因素。在第一章，我们分析了用户具体选择偏好下的深层心理诉求，而落实到具体的现实层面，我们将其分类总结为以下具体维度，如图2-38所示。

图2-38 用户选择机构看重的维度

结合用户在报班过程中有所认知、关注的机构因素、销售、课程、实地体验等，并通过定量验证，我们发现用户在选择具体考研培训机构时，各个维度对其决策的重要性，如图 2-39 所示。

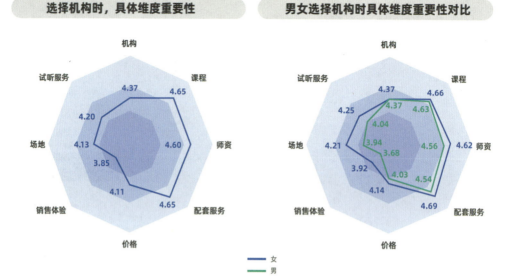

图2-39 用户选择考研机构时具体维度重要性

可以发现，课程、师资以及配套服务是影响用户报班决策最关键的三个因素。

价格维度的重要性得分较低，仅为4.11。但结合易观千帆发布的《中国考研培训行业白皮书2022》，考研用户的参培花费金额集中在3001 ~ 10000元（占比59%），而A公司的考研产品销售价格基本在5000元以上。因此我们推论，在市场整体层面上，价格的重要性应该会相对更高。

男性用户相对来说更看重与教学本身相关的内容，而女性用户则会更多地关注机构提供的配套服务。

具体来看，在"课程"维度，各要素差异性不大。无论是课程的配套资料、课程形式，还是课程设置，用户的看重程度都达到85%以上，其中课程的配套资料更是达到了90%，如图2-40所示。

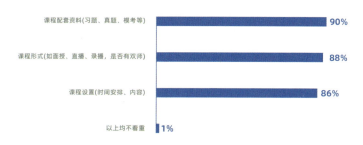

图2-40　对于课程的具体看重维度

在"师资"维度，访谈中我们发现，整体上大部分用户对于"名师"的认知趋向于理性。

并且，由于名师存在以下不足，无法判断名师的真实授课水平。用户降低了名师对其报班决策的影响力。

名师"行程繁忙"，授课时间、地点都存在极大不稳定性。

名师课程更加追求普适性，牺牲内容深度。

为了满足更广泛学生的需求、扩大影响力，名师的课程内容较为简单，不适合持续、深度的学习。

名师口碑建立后，持续投入不足。

名师积累了大量的课程资源和学生"粉丝"后，容易"吃老本"，缺少了持续培养、维护与用户关系的动力，用户感受到不被认真对待。

这些对于名师的印象，除了用户自身的体验，大部分源于销售的引导以及网络上的信息传播，还有一些源于试听课。

访谈中大部分用户表示，名师并不是报名某个机构的决定性因素。只要授课老师在教学水平上达标，在教学风格上与用户相匹配，即使不是名师也没有关系。

上述观点也在定量研究中得到了验证：绝大多数用户（90%）评价机构的师资水平时，最看重的是老师的教学水平，如图 2-41 所示。

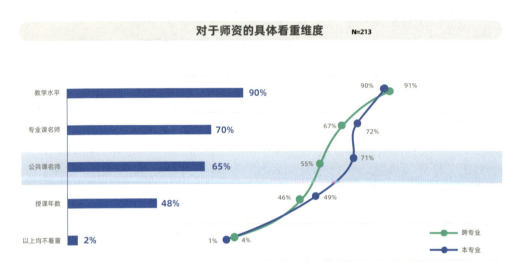

图2-41 对于师资的具体看重维度

在"配套服务"维度，超过九成用户看重机构提供的规划服务，督学和答疑也广受关注。区分人群进行分析发现，女性用户整体表现出对服务具有更高的要求；在读用户比已毕业用户更看重督学与答疑服务，如图 2-42 所示。

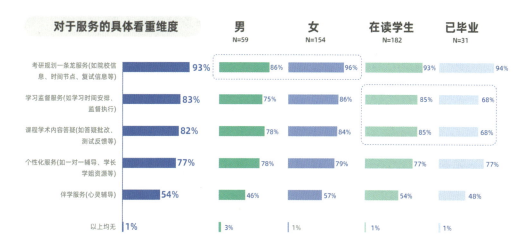

图2-42　对于服务的具体看重维度

同时，我们在访谈中还发现，机构对于测评工具的应用也是塑造机构形象、增加用户吸引力的影响因素之一。

一对一服务因其特殊性，比大、小班课更加讲究"适配性"，否则，一旦产生负面印象，其影响将会更加聚焦和放大。

通过匹配测试，也能够给予用户一种"凡事有依据"的可信赖感。

三、项目后续跟进

调研结果共享：上述研究结果在考研部门内部进行了大范围分享。调研结果受到部门负责人、课程产品、运营、分校校长等多方认可与讨论，并提出进一步调研需求。

现场调研需求：考研用户线下学习需求调研：在线下教学场景中，用户的关注因素及其重要性；线下讲座调研：开展线下讲座时，用户期望获取的信息及服务；校园代理调研：考研用户对于校园代理的认知、期望、参与意愿及原因。

后续调研方向：22 届 A 公司考研用户体验满意度调研（现已完成）；量化 22 届用户对 A 公司考研课程／服务等各维度的使用体验，收集用户反馈，为用户体验优化提供参考思路，同时为以后搭建长期产品体验监测体系建立基础。A 公司考研流失用户调研（推进中）；针对未最终转化且报名竞品机构的流失用户，对其考研学习预期、课程／服务需求等内容进行调研，探究转化链路中的阻碍，以及竞品机构与 A 公司的差异化表现。

第三章　样本概况

第一节　定性研究

样本概况的定性研究，具体见表3-1。

表 3-1　用户基本信息

用户编号	性别	年级／备考状态	本科类型	本科专业	所在城市	是否跨考	是否二战	报名机构
P1	男	大二	普一本	人力资源管理	浙江杭州	是	否	F 公司
P2	男	大三	普一本	机械工程	上海	是	否	G 公司
P3	男	大四	普一本	工商管理	北京	是	是	G 公司
P4	女	在职备考	普二本	公共管理	上海	是	否	J 公司
P5	男	大三	普二本	金融	浙江嘉兴	是	否	Q 公司
P6	男	大三	211	建筑环境与能源工程	陕西西安	否	否	P 公司
P7	女	脱产备考	普一本	审计	内蒙古呼伦贝尔	是	是	J 公司
P8	女	脱产备考	普二本	日语	重庆	是	否	J 公司
P9	女	大三	普一本	旅游管理	福建漳州	是	否	A 公司
P10	女	大三	普一本	财务管理	安徽合肥	是	否	A 公司
P11	女	大二	211	工商管理	广西南宁	是	否	A 公司
P12	男	大二	普一本	会计	山东济南	否	否	A 公司
P13	女	大三	普一本	经济学	上海	是	否	A 公司
P14	男	大三	普一本	金融工程	江苏徐州	是	否	A 公司

第二节　定量研究

样本概况的定量研究，如图 3-1 所示。

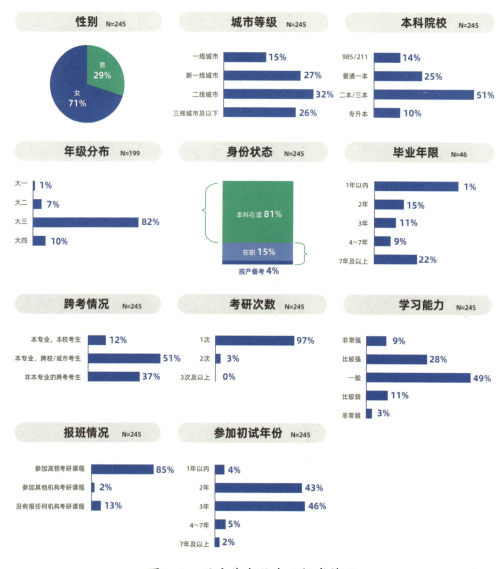

图3-1　用户基本信息及报考情况

第三节 项目分析

一、项目背景——CFA 学习需求分析

综合潜在市场表现、企业招聘现状以及政策激励手段分析，CFA 学习需求仍较为旺盛。

CFA 潜在市场大，每年合计超过百万的经济学类毕业生，对 CFA 的关注度较高。在我国，经济发展是第一要务。目前国内经济人才的缺口也较大。长久以来，经济学大类专业由于其涵盖专业多、适用范围广、职业发展路径多样、上升空间大、薪资激励高等优势，专业热度居高不下，成为长期处于排名前十的热门报考专业。

经济学本 / 专科、硕士研究生毕业生人数均持续上涨，仅本科毕业生人数就占到了毕业生总人数的 5% 以上，且长期保持较高占比。这也意味着，CFA 作为该类专业学生极可能努力获取的金融证书，潜在市场巨大，如图 3-2 所示。

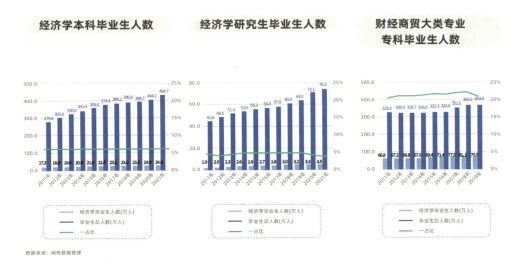

图3-2 经济学本/专科、硕士研究生毕业生人数

除了巨大的学生市场外，社会层面对 CFA 也一直比较关注。从各类金融财经类资格证书的搜索、查询情况来看，市场对于 CFA 的关注度明显高于 FRM 和中级经济师（CFP）。对其他从业资格考试的关注度自 2017 年开始呈现持续下降的趋势，仅在 2021 年有所回升，但搜索指数仍处于 CFA 之下，或呈现持平状态，如图 3-3 所示。

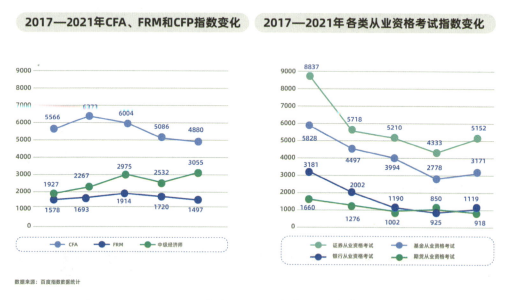

图3-3　2017—2021年金融财经类资格证书考试指数变化

二、相关政策研究

全国各重点城市均对 CFA 持证人员提供各类扶持和补贴等，且多年施行稳定的激励政策。

自 2011 年起，北、上、广、深及成都等一线、新一线城市分别出台了相关政策，支持金融人才的发展，鼓励从业人员获得专业资格认证，CFA 证书就包含于其中。取得该类证书的人才将获得落户等政策方面的优惠待遇或补贴、资金方面的奖励。例如，在北京，拥有 CFA 持证资格的人才将获得优惠待遇、可办理本市户口，其子女能够在京参加高考，并享受同等待遇。上海也在《上海金融领域"十二五"人才发展规划》中提及，目前城市缺口 30 万高端金融人才，其中包括 CFA 持证人从事的相关岗位。获得 CFA 证书后同样能够在医疗、户籍、子女入学方面获得政府的优惠政策。相应的，CFA 持证人员在广州、深圳、成都等地能够获得数额不等的安家补贴、住房 / 租房补贴，并在医疗、子女教育等基础生活方面获得优惠。

至 2017 年，重庆、西安、南京、杭州、厦门、泉州等城市也分别出台相关扶持政策，支持金融人才发展，同样给予 CFA 持证人员以落户、资金补贴等优惠。可以说，除了实际的就业帮助外，CFA 证书也能为持证人提供多方面的生活帮助，也是激励社会各界人士报考的一大动因。

三、岗位竞争

岗位竞争激烈，企业开放招聘的金融类岗位数量呈下降趋势。

数据显示，自 2017 年起，开放招聘的金融相关岗位数量持续下降。就业市场对金融相关岗位的需求减少，却需面对逐年攀升的毕业生人数以及社会招聘中流动的大量在职人员。供需关系的失衡必将导致求职竞争越来越激烈，如图 3-4 所示。

图3-4 全网金融职位数量

金融岗位职位研究报告显示，综合考虑多方面因素的影响，金融行业的求职竞争指数为 24.4，高于房地产、互联网、制造业、制药 / 医疗等行业的求职竞争指数，且入行、转行难度大，如图 3-5 所示。

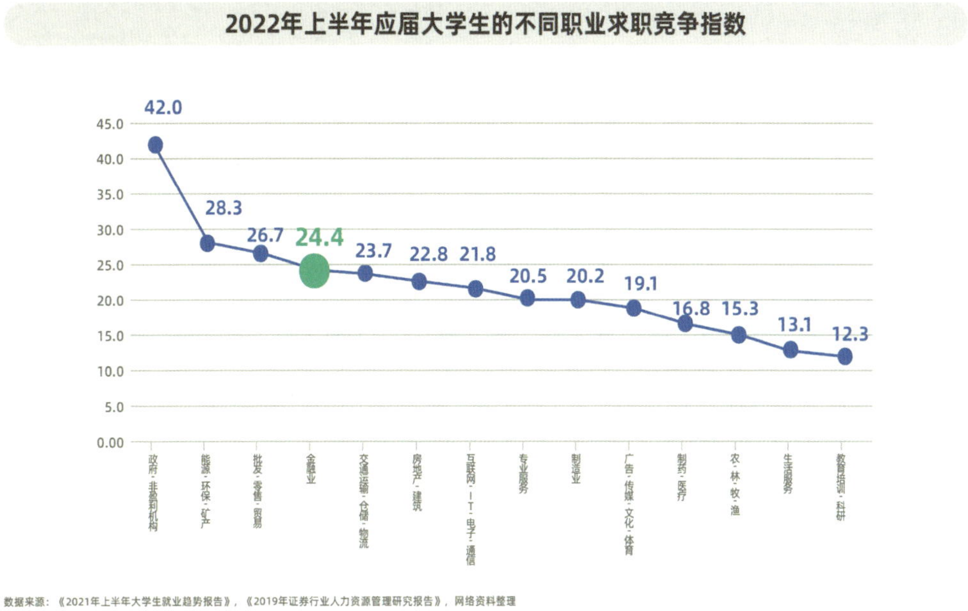

2022年上半年应届大学生的不同职业求职竞争指数

数据来源：《2021年上半年大学生就业趋势报告》，《2019年证券行业人力资源管理研究报告》，网络资料整理

图3-5　2022年上半年应届大学生不同职业求职竞争指数

可以看出，竞争激烈的求职环境将迫使学生通过考取证书等途径，提升自身的求职竞争力。同时受到国家政策激励，市场对于 CFA 的学习需求较高。

四、各考季 CFA 整体通过率分析

分析各考季 CFA 整体通过率发现：整体通过率下降，培训需求显现，但机构产品同质化仍为亟待解决的问题，如图 3-6 所示。

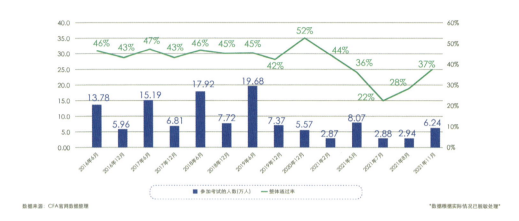

图3-6　各考季CFA全球参考人数及整体通过率

　　CFA 官网数据显示，自 2020 年开始，CFA 的通过率出现明显下降，虽在 2021 年底有所回升，但仍低于 40%。在考证的必需性、紧急性，与考试通过率的相互作用下，越来越多的用户希望寻求机构的帮助，提升自身的能力，加速获取 CFA 证书进程。

　　但机构间产品同质化高。主要竞对公司同样以课程产品为基础，辅以智能学习平台。通过数字化产品为学生提供多维学习反馈教学，营造线上学习空间。转化方式上，也同样基于 SEM、SEO、新媒体等途径获客拉新，推出各种活动促活转化。没有差异，就意味着无法在用户心中留下印象，又如何成功获客、促进业务的发展？所以，打造差异化，吸引用户目光是机构亟须解决的问题之一。而了解用户需求、打造适配用户需求的多层次产品矩阵是解决这一问题的可行方法。

　　因此，在市场竞争形势严峻的当下，对用户需求的不断深入了解是实现 CFA 业务持续健康增长的核心抓手之一。通过对目前 CFA 课程用户群体（包含在读用户、流失用户与潜在用户）进行画像描绘，并深入探索不同类型用户对于 CFA 课程产品与服务的体验与需求等，能够为业务提升、打造差异化产品提供决策参考。

第四节　项目推进

结合业务部门的理解与分析，将依据 CFA 用户群体的"学习基础 / 能力"与"CFA 通过意愿"划分为三类：

A 类用户：CFA 通过意愿强（最符合目前 A 公司用户特征，重要程度最高）；

B 类用户：学习基础 / 能力较强，且 CFA 通过意愿强（重要程度较高）；

C 类用户：学习基础 / 能力较弱，且 CFA 通过意愿弱（重要程度最低）。

在上述用户分层假设的基础上，本次调研中将针对以下内容进行深入探究。

一、A 公司 CFA 在读用户画像描绘

研究的目的与内容：快速验证当前在读学员中不同类型用户的分布与特征。为下一步深入挖掘用户需求提供筛选标准与抓手。

研究方法：问卷调研。

研究对象：A 公司 CFA 在读用户。共计回收 624 份问卷，筛选后剩余有效样本 583 份。

二、A 公司 A 类在读用户核心诉求与产品 / 服务需求挖掘

研究的目的与内容：依据触达难易度及调研重要性，优先选取 A 公司在

读学员中的 A 类用户作为调研对象，并对其学习动机、学习需求与体验进行深度探索，为产品／服务的优化提供决策参考。

研究方法：一对一用户深访。

研究对象：11 名 A 公司 CFA 在读用户中的 A 类用户。

三、A 公司 CFA 暂未成交用户画像与需求调研

研究的目的与内容：通过扫描目前暂未成交的用户情况，分析了解该类用户对 CFA 的认知与学习意愿，探索其对机构课程和服务的核心诉求等。并与 CFA 在读用户的情况进行对比，追踪该类用户后续转化情况。

研究方法：点对点问卷投放 + 销售案例分析追踪 + 电话追访。

研究对象：共覆盖 85 份暂未成交用户样本，其中有后续转化记录的 53 份。

第五节　项目成果

一、研究发现概要

总体来说，调研结果有一些新的发现。

（一）A 公司 CFA 在读用户画像描绘与 A 类用户核心诉求、产品／服务需求挖掘

CFA 在读用户了解 CFA 的途径分散，具有一定的偶然性，且整体认知程度较浅，机构的消费者教育空间大。

在读用户学习 CFA 的目标并不明确，更多的用户是基于当前职业状态，

形成对自身理想化的追求。

在读用户在机构选择过程中缺乏清晰概念，更多的用户是借助外显因素作为判断依据，主要考虑如师资、品牌、口碑等，这些都是 A 公司的优势项。

在读用户对于 CFA 课程产品及服务的需求可细化为正课、讲师、其他课程（如私教课、串讲课等）、配套工具、学管服务、活动举办等。

但用户对每个具体维度的需求强烈与迫切程度是不同的，按照 KANO 模型，我们将在读用户关心的具体维度拆分为必备属性、期望属性和魅力属性三个类型。必备属性包含正课与讲师两项内容，是用户报班学习 CFA 的基础需求，必须得到满足；期望属性包含配套工具与学管服务，用户满意度将随该需求的满足程度提升而增长；魅力属性包含其他课程、活动举办等，用户虽不会过分期望，但提供该类产品却能显著提升用户的满意度与推荐意愿。

（二）A 公司 CFA 暂未成交用户画像与需求调研

与 CFA 在读用户类似，用户留给机构的教育空间大。

常见的广告投放渠道中，微信朋友圈、公众号对用户的触达程度最深。

CFA 相关信息缺失、对学习 CFA 的收益暂无认知是用户无法决定是否学习 CFA 的主要原因。

报班价值点不清晰是用户犹豫是否报班的最大原因，因此明晰产品的价值与定位，是吸引用户报班的前提条件。

价格问题是阻碍用户报班的主要原因，但仅一成用户表示课程不满足其需求，因此在未来需提高用户对课程"性价比"的认知。

间隔两个月的追踪分析显示，本次调研涉及用户中有 6 人转化成功，35 人已无学习或报班意愿。计划／正在自学和不打算学习了是用户流失的主要原因。

二、具体内容

（一）A 公司 CFA 在读用户画像描绘

整体上，CFA 在读用户的性别比例较为均衡。在职用户与在读学生的比例约为 8：2，与之前了解到的情况类似，CFA 用户仍以在职人群为主。

用户学历水平较高，在读学生中研究生占七成，在职用户中具有硕士学历的也近半数。在职用户中，工作资深人士比例较高，近八成具有 3 年以上工作经验，超过 8 年的用户占比达到 45%。

用户分布集中于一线与新一线区域，其中一线城市占比最高（44%），新一线其次（26%），二线城市用户占比仅 15%。其他城市用户比例非常少，合计仅为一成左右，如图 3-7 所示。

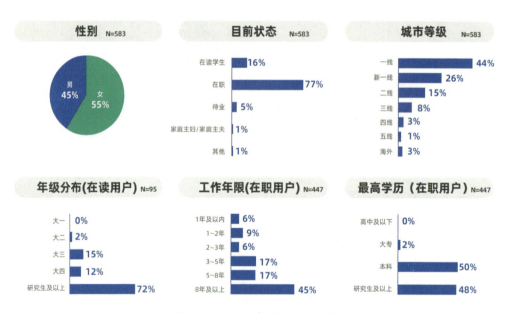

图3-7　CFA在读用户画像

（二）A公司在读用户核心诉求与产品 / 服务需求挖掘

1. 用户报班决策流程

根据 CFA 在读用户报班前的决策链路，我们主要依据图 3-8 的逻辑进行分析。

图3-8 用户报班的决策链路

（1）CFA 了解：用户了解途径分散，具有一定的偶然性

通过访谈发现，在读用户行业背景多样，了解 CFA 的途径也各不相同，一部分用户的了解过程存在一定偶然性。

网络资源：搜索引擎及社交平台等线上信息渠道，如知乎、百度、贴吧、微信朋友圈等。

专业相关：自身所学专业或工作相关，对金融财会类证书有简单了解。

周边亲友：同事、同学、朋友、学生等在学习 CFA。

（2）CFA 认知：整体认知程度较浅，机构的消费者教育空间大

很多用户在与机构接触前，对于 CFA 的了解和价值认知并不清晰。

很多人只是凭对 CFA 的模糊印象产生兴趣，然后再进行深入的了解和判断。在这个过程中，机构咨询是一个非常重要的方式。他们通常希望后续深入了解的维度包含 CFA 证书价值、对职业发展的作用、学习内容和难度等。

所以，这就给了机构很大的消费者教育空间。换句话说，目前我们很多在读用户对于 CFA 课程、价值等维度的理解，很大程度上是为机构所普及的。

当然，这中间一定会存在部分有清晰认知的例外人群，通常是与金融行业相关性更加紧密的人群，如金融/银行业从业者、金融专业在读学生等。

（3）学习及考试目的：目标并不明确，更多来自对自己的理想化追求

根据定量调研结果，在读用户中，认为自己考证意愿较强的用户占比近九成，如图3-9所示。

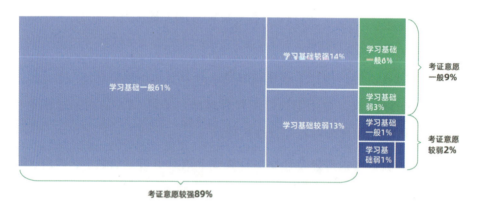

图3-9　学员学习基础与考证意愿水平自评

但结合访谈结果，我们会发现，由于很多用户前期对CFA的认知并不深，所以其学习目的性都较为模糊，通常是在与机构销售的互动中，逐渐基于自身的职业状态衍生出来的。基本上可概括为以下三种最典型的需求类型：

第一种："在职人士"职业瓶颈期/倦怠期——"想晋升、想转行，凭什么？"

根据问卷结果，CFA在读用户中的在职用户近八成具有3年以上工作经验，超过8年的比例达到45%。这些有了一定工作经验的职场人士，可能处

于以一个事业瓶颈期 / 倦怠期，想要有所变化却苦于没有机会。

第二种："在职人士"空闲时间多——"闲着也是闲着，不如学点知识，说不定能用上。"

还有一种类型的在职用户，本身是抱着"有时间，不如学点东西"的心态开始了 CFA 的学习。形成此现象的原因还需要从 CFA 证书和课程本身的特征上进行分析。

首先，CFA 的金融系统性知识框架较强，用户更愿意相信通过备考可以提升自身的职场竞争力、金融理财等能力。

其次，CFA 的金融属性相较于其他更加专业、细分的证书而言，普遍性更强，所以让用户投入学习的门槛也就更低。

对于这两类在职用户来说，他们都相信 CFA 的学习会给自己的未来带来更多的机会和选择。但经过追问发现，这些在职用户目前的职场圈中，CFA 并不是一个必要的证书。实际上，这些用户基本无法明确说出自己在取得 CFA 证书后的具体职业规划与证书所产生的实际帮助。

从深层动机上来说，用户参加 CFA 学习更多的是追求其带来的"自我提升成就感"或是其"缓解焦虑的作用"。

2. "在校学生"踏入职场前——"学历不占优，靠什么加码？"

当然，在读用户中也有一部分在校学生群体，问卷调研结果显示，我们的在读用户中，在校生群体的比例为 16%。其中，处于研究生阶段的用户占比高达 72%，以大三、大四为主的本科生占比为 27%。这样的分布趋势一方面是由于报考条件的限制，而另一方面，面对未知的职场环境，临近毕业的学生也更重视提升自己的求职竞争力。

报班动机与机构选择：缺乏清晰概念，更多借助于外显因素作为判断依据。

前面提到，很多用户在学习之初对 CFA 的认知较浅，对"如何学习"更缺乏概念。于是，大家多倾向于求助"经验丰富的"教培机构。一方面，验证自己学习 CFA 的行为动机；另一方面，可以借助机构体系化的课程学习方式，来提升学习效率，从而节约个人精力，如图 3-10 所示。

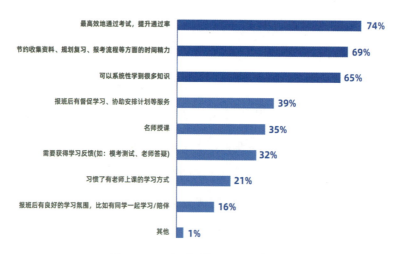

图3-10　报班学习CFA的原因

我们认为，在这个过程中，很多用户都不是理性决策的。问卷结果中，有近六成用户在报课前，甚至没有进行过任何竞品对比。

结合访谈发现，我们分析这主要是因为以下几个方面的原因。

（1）用户对于 CFA 相关信息的认知程度不高

用户对于 CFA 相关信息的认知程度不高，对于相关培训机构的了解也不多。

（2）用户对于 CFA 课程效果的判断存在一定盲区，只能更多借助于外显因素进行判断

用户在进行机构对比的过程中，核心关注要素始终围绕着"正课质量"与"讲师授课能力"。但在实际报班时，由于用户无法对其进行有效的判别，所以更多通过"品牌/口碑""师资水平"来进行决策。

（3）品牌/口碑

用户相信大品牌、口碑好的机构是课程质量、师资水平的基本保证，通过率也相应会更高。用户的判断方式主要有公司规模、周边人推荐、公司历史，甚至是否能独立出版教材也是品牌实力的体现。

（4）师资水平

师资水平是一个比较专业的因素，访谈中发现，用户主要通过阅读机构所提供的讲师介绍，以及看讲师的个人简历进行粗略的评估。主要关注点包含是否为"持证人""工作经验丰富""高学历及毕业院校"等。

少数用户在此基础上，还会主动利用网络资源搜索老师更多的信息，查阅公开的视频或争取小课/体验课资源，更直观地感受老师的授课能力。

（三）CFA 产品/服务需求及体验

用户对于 CFA 课程产品及服务的需求，可以拆分为以下三个方面，如图 3-11 所示。

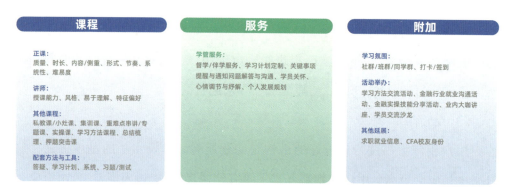

图3-11 用户对于CFA课程产品及服务的需求

　　然而，用户对于每个具体维度的需求强烈与迫切程度是不同的。不管环境和技术怎样变化，用户需求始终还是围绕学习本身出发。即用户需要优秀的讲师通过系统的学习方法把完整的学习内容在合理的时间段内传授给自己。

　　按照 KANO 模型分类，我们将用户关心的具体维度拆分为必备属性、期望属性和魅力属性三个类型，如图 3-12 所示。

　　必备属性：提供时，用户的满意度无明显增长，但无法提供时满意度将大大降低。用户将此类服务的提供视作"理所应当"。

　　期望属性：用户的满意度与需求的被满足程度成正比关系。

　　魅力属性：用户不会过分期望的需求，不提供不会影响用户的满意度。但一旦被满足，用户满意度将明显上升。

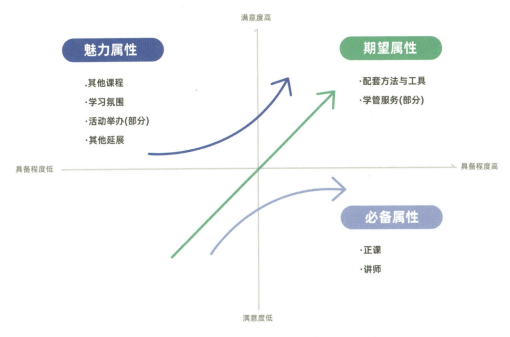

图3-12 根据KANO模型分析用户需求

结合用户体验数据，目前在读用户对于 A 公司 CFA 课程整体满意度较高（4.21/5 分），NPS 表现良好（17%）。相较于学管服务，用户对 CFA 的整体满意度更多受到"课程"的影响，但对于 NPS 来说，课程和服务的影响程度基本相当。这表明，用户认为课程是更基础的维度，关系到是否达到用户的最低心理要求（必备属性）。服务做得好，可以更有效提升用户的推荐意愿（魅力属性），见表 3-2。

表 3-2 用户对 CFA 课程的满意度

	加权得分	与整体满意度的相关性	与 NPS 的相关性
整体满意度	4.21	—	0.52
课程满意度	4.28	0.81	0.48
服务满意度	4.44	0.58	0.40

下面，我们将根据用户关心的具体维度分类，分别深度分析用户需求中的重点维度及现有体验。

三、用户需求中的重点维度

（一）必备属性

用户需求中的必备属性，如图 3-13 所示。

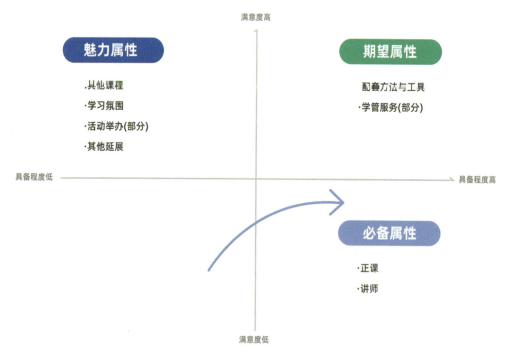

图3-13　用户需求之必备属性

（二）正课

在读用户对现有课程产品的满意度较高（4.28/5 分）。

1.总课时：大部分用户对总课时时长的敏感度低

根据前面的分析，很多用户对 CFA 学习的理解都是建立在机构的影响之上，所以绝大部分用户在开始学习前，对个人期待或普遍合理的学习课时没有概念，更多的是听从机构的建议。

有过学习体验之后，结合学习难度体验（学习难易度打分：3.13/5 分。1 分表示非常困难，5 分表示非常轻松），在读用户普遍认可现有课程的时长设置。

2.内容／侧重：调整学习时间分配，加强"应试"属性

访谈发现，在销售以及学管的引导下，用户会将学习周期规划在 6 ~ 9 个月，而大部分用户透露备考时间紧张，期待课程内容具备更强的"应试"属性。虽然用户普遍还是会表示，自己对于更深层、拓展性的金融知识也是有一定需求的（理想自我，弱需求），但考前还应更聚焦于考试相关内容。

3.双师课：当前用户认可度高，但可替代性强

大部分用户体验过双师制度，使用场景主要分为以下三种类型。

选择偏好讲师：两组教学老师风格不同，用户根据自己的需求和课前介绍来判断选择哪组老师。

遇到听不懂的内容：通过切换老师，来解决原有老师的讲解无法理解的问题。

遇到疑难问题：通过做题／测试发现知识点未掌握，通过看另一组老师的讲解视频，挑选自己理解知识点的最佳方式。

综上可以发现，双师功能对于用户的主要价值也可通过其他替代方式来解决。除了讲师风格选择之外，遇到听不懂或是疑难问题时，也可以通过重难点知识精讲（例如，录制针对难度最大、提问频次最高的知识点或问题小视频）、学术人工／智能答疑、私教课等方式进行代替。虽然对用户来说，双师课是一

个加分项，但它也存在一定的潜在问题，比如：两组老师对于部分学习内容的重要性标注等讲解内容不统一、系统进度统计只计算单组老师情况，不便于用户查看自己的进度等。

综合考虑其成本与收益后，我们认为，双师制度未来是可以被取代的。该功能的需求度/溢价能力我们也将后续在未成交用户群体中继续进行验证。

（三）讲师

用户对于讲师的要求，除了最基础的"逻辑清晰""知识点讲解到位，易于理解"等维度外，讲师的教学基本功，如普通话等也十分重要。

讲师的教学风格和个人魅力是用户会考虑的加分因素，未来可以进一步增加视频/直播美颜、声音美化等功能。

（1）教学风格。

（2）个人魅力。

（3）年龄要求。

（四）期望属性

用户需求中的期望属性，如图3-14所示。

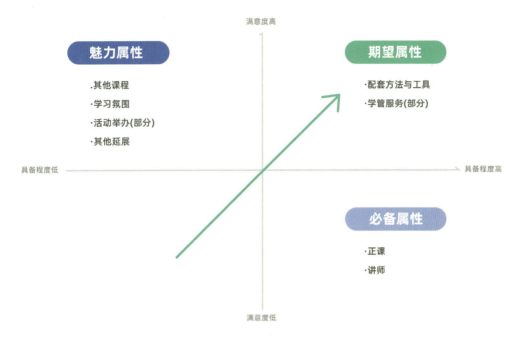

满意度高

魅力属性

·其他课程
·学习氛围
·活动举办(部分)
·其他延展

期望属性

·配套方法与工具
·学管服务(部分)

具备程度低　　　　　　　　　　　　　　　　　　　　　　具备程度高

必备属性

·正课
·讲师

满意度低

图3-14　用户需求之期望属性

（五）配套方法与工具

1. 习题／测试

CFA用户以在职状态为主，所以在有限的时间内尽可能提高学习效率是用户重点考虑的因素。传统教育中的"题海"战术并不是大部分在读用户的理想做题模式。虽然用户普遍认可做题的重要性，但并没有用户提出要大量增加题目数量，反而大家更多的是强调题目质量。

一方面，用户对于做题优先级、次重点等维度把握不清，需要学管和老师加以引导，传递更高效的学习与做题方法。

另一方面，用户希望测试题能够更加系统、准确地反映自己的学习情况。如：完善题目关联的知识点资料；增加模拟题数量；提升做题结果统计的参考准确性等。与此同时，增强题目与课程之间的链接交互（如将需要完成的题目列入学习计划中）。

2. 学习计划制订与反馈

目前在读用户对于 CFA 课程学习的周期及考季安排主要是受到学管建议的影响，普遍在 6 ～ 9 个月左右。结合用户的实际体验，我们归纳为三个主要需求。

需要更明确的学习计划"全景图"。对于很多在职用户来说，颗粒度太细的学习计划，如落实到具体每天、每星期的计划通常并不实用，灵活性太低。那么就需要用户自己制订学习计划。

目前，用户对于学习计划最大的问题在于，不知道全局性学习的安排和节奏。例如，除了精讲课程之外，后面复习阶段还需要多长时间、每个阶段需要多久才能完成等。

而目前很多用户对于系统上的学习计划功能使用存在疑问，一方面是因为不知道计划的制定标准，另一方面感觉适用性不强。

其实，对于大部分用户，尤其是在职用户来说，机构最好能够提供一个清晰的"学习地图"：整体上，课程阶段分为哪几个类型、每个阶段的课程量（其中还需要包含必需的做题时间等），以及合理的完成时间节点。这样，用户就可以根据自己的需求来进行灵活的调整。

同时，需要综合考虑做题时间，制定合理的时间规划。

学习进度有阶段性确认：学管最好 1 ～ 2 周给予一次反馈。大部分用户都是因为是在职状态，时间安排不固定导致学习计划制订需求各不相同，但用户对于自身学习进度跟进确认的频次需求相对固定，通常为 1 ～ 2 周 / 次。

学习进度及数据可以更加可视化。用户目前多在打卡群内或者通过学管了解其他用户的进度，从而确认自己的学习进程是否合理。同时，学习数据也可以激发成就感，调动学习积极性。

未来可考虑进一步优化系统上的学习数据统计功能，完善数据维度（如用户本人与同批次用户的平均水平对比等），使用户更加明确自己的学习状况。也可以考虑加入一些游戏化设计，如徽章奖励、互动任务等。

（六）服务

1. 当前问题：对助教能提供什么帮助并不明确

当用户对于学习方法、课程设置等"使用说明"类知识不够明确时，一方面，容易导致信息获取上的焦虑感（如是否还有一些有用的资料没发给我？）；另一方面，用户也不知道应该怎样去寻求助教的帮助，更大化自己的服务效益（我应该什么时候找学管？找学管做什么？）。

因此，可以从服务 SOP 的角度，为助教提供更多工具抓手，帮助助教带领用户快速入门，搞清楚 A 公司 CFA 课程和服务如何使用的问题。例如，可搭建一个"系统、全面"的资料库，将用户在学习过程中关键流程节点上所需要的帮助说明进行整合呈现，如在刚入学时，提供课程整体性安排介绍等。

2. 督学服务：成年人的世界，并不太需要督促

整体上，由于 CFA 在读用户多以在职群体为主，从实际效果的角度出发，大部分用户认为督学服务的效果并不会很好，因此对督学服务的需求也不高。用户更希望以一种更加平等的姿态进行沟通，例如学管阶段性主动联系，询问用户遇到的问题并帮助解答等。

3. 关心与陪伴：加分，但非必需

调研发现，很多用户对于学管的服务需求处于较为基础的维度，关心与陪伴感并不是必需项。目前主要影响用户体验的原因仍出在服务质量的个体差异上，部分学管的主动性较弱，或者问题处理等不够高效、及时，从而引发用户的不满甚至投诉。对于学管服务，现阶段仍需要提升服务的标准化水平，拉

齐最低标准，先做到整体性及格，再向优秀的个人 / 团队看齐。

（七）魅力属性

用户需求中的魅力属性，如图 3-15 所示。

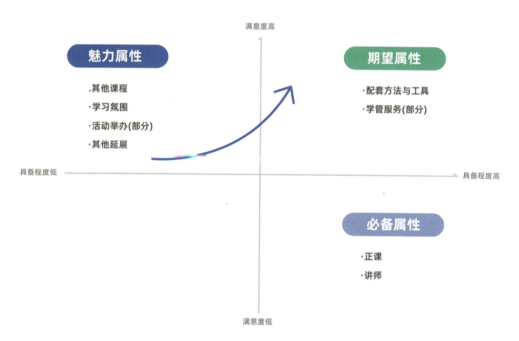

图 3-15　用户需求之魅力属性

四、其他课程

（一）私教课

整体而言，用户对私教课的了解有限，需求也不高。主要原因如下。

（1）问题少，没有必要购买私教课。

（2）问题比较基础，采取其他方式即可解决，如回看教学视频等方式、掌握知识点等。

（3）担心效果不好，性价比不高。

可以发现，许多用户对于私教课的价值认知并不清楚，除了自己准备问题提问并获得解答外，不知道还有其他价值，如进行针对性的重难点讲解等。有需求的用户看重的是答疑后老师对于相关知识点的延伸、总结，以及相关考试技巧、经验方面的分享。后续在私教课程的介绍上，除了答疑，还可以突出带来的相关延伸服务和价值。

（二）其他课程形式：短期串讲、直播课、集训类课程

1. 短期串讲

串讲形式的课程受到了用户的普遍欢迎，用户在复习阶段多通过"串讲 +做题"的方式进行。有些用户时间紧张，在学管的建议下，也会直接通过听串讲来学习之前精讲阶段未完成的课程。

基于用户对串讲课程的认可，除了按科目进行的串讲外，也可以考虑以专题类小串讲作为增值内容，如学习方法、考试技巧。

2. 直播课

用户对于直播课最大的不满意表现在时间安排冲突上，目前大多安排在周四，希望可以调整至周末。

3. 集训类课程

因为时间安排的不灵活导致该类课程的适应性较低，有兴趣的用户主要看重可集中精力学习免受打扰。目前暂无推出的必要。

（三）学习氛围

用户对于学习氛围的追求，更多的是通过建立一种松散的支持型关系，

帮助自己解决长时间学习过程中的"学习积极性低""焦虑压力大"等问题。相较于形式，学管需要更加关注"积极向上"的氛围的塑造。

1. 营造学习氛围

用户普遍认为学习氛围是重要的，交流不必多，但需要感受到"有人和我一起学"。

（1）学习动力。

（2）分享学习心得，考后交流。

2. 氛围营造形式

目前学习形式单一，以班级群打卡为主要形式，各群活跃度不一，主要看各学管的运营情况。

可以采取多样化形式，如题目分享等，进一步烘托学习氛围。

一部分用户也提到了伴学需求，如学习小组、线上自习室等形式，但目前实际效果并不理想。

（四）活动举办和其他延展

由于多数用户的学习首要目的是通过考试，因此对增值类服务和活动关注度相对弱一些，即使有感兴趣的内容，往往因为时间等客观因素，参与度比较低。考前更关注考试相关的内容。

1. 节点与形式

从形式上看，考虑到线下时间、地点限制较多，用户还是相对偏向于线上类活动，参加意愿会更高；从时间上看，考试结束后等待成绩的时间段可能是一个相对合适的时机，建议在此时间段集中性地给用户开展一些专题类讲座，让用户有相对比较充分的时间进行学习，同时可以作为服务的一个延续。

2.活动内容方面

从增值活动的内容上来看，"实用性"是用户的最大需求点。用户相对更关注与自己层次水平更为贴合的程度，少部分用户没有相关需求，主要也是担心此类活动的内容与自己的能力、行业知识水平不匹配。

因此，讲座课程内容需要更多地结合用户目前的自身水平做一些匹配和调整，特别是目前用户群体中占比较大的、有转行想法的、非金融类岗位在职人员及临近毕业的学生等。活动的分享内容目标人群聚焦性更强，更容易调动用户参与的积极性。

另外，值得注意的是，有的用户根据过往经验，提及此类活动营销目的太重，影响参与积极性。

3.A公司CFA暂未成交用户画像与需求调研

本次调研中，暂未成交用户的男女比例均衡，大多集中于一线、新一线城市（71%），与A公司CFA在读学员的数据呈现相似性。在职用户仍为主体，与在读学生的比例为6∶3（A公司CFA在读学员的比例为8∶2），如图3-16所示。

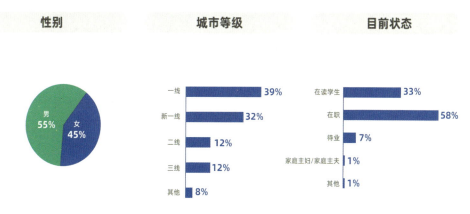

图3-16　A公司CFA暂未成交用户画像

在读学生大多集中于本科阶段，并以大三为主（A 公司 CFA 在读学员研究生占比更高为 72%）；60% 的在职用户的工作年限在 5 年以上，与 A 公司 CFA 在读学员中的数据表现相似（62%）；在职用户中，四成用户既不从事金融行业，也不从事金融岗位，如图 3-17 所示。

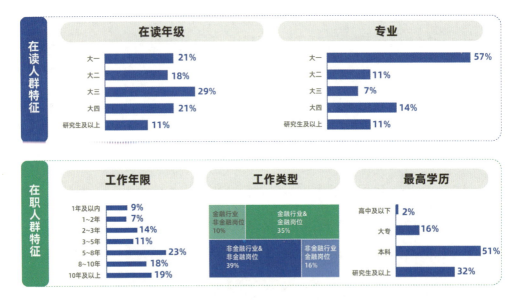

图 3-17　在读和在职人群特征

有 12% 的用户通过 A 公司与 CFA 建立初次联系，超半数用户与 A 公司接触前即对 CFA 有较高兴趣；与 A 公司接触前，用户对 CFA 的认知程度较浅，有过详细了解的仅占两成；大多数用户对 CFA 证书的看法较为正向，只有近三成用户认为 CFA 专业门槛过高，如图 3-18 所示。

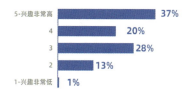

图3-18　用户对CFA的了解程度

　　微信朋友圈的用户触达深度最佳，其次为微信公众号；当用户点击 A 公司广告时，最希望了解 CFA 的基础信息，如图 3-19 所示。

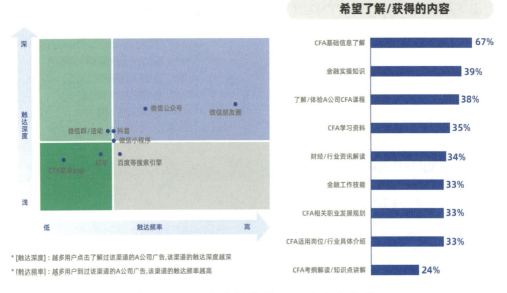

图3-19 用户希望获得CFA的内容分类

半数用户对 CFA 有相对明确的学习意愿,这部分人同时有较强的参考意愿。

"比较确定会学习"的用户对自身学习能力评价较高,但金融知识基础方面自信不足,自评得分出现下降趋势;学习目的相对泛化,在排名前三的学习目的中,有相对明确现实用途的仅占 21%,如图 3-20 所示。

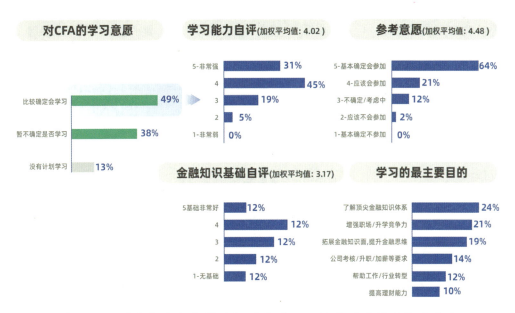

图3-20　"比较确定会学习"用户对CFA的学习意愿及能力自评

　　"暂不确定会学习"的用户自评能力稍弱，CFA相关信息缺失是阻碍他们学习的最主要原因；对CFA难度及自身学习能力/金融知识基础的认知，会导致用户在CFA学习时间评估上趋向保守，这也是超半数用户犹豫是否学习的原因；未来可根据用户的学习目的，采取一些针对性的措施。如提升职场竞争力、帮助工作转型等，着重体现CFA价值点，增强吸引力，降低用户的学习障碍心理，如图3-21所示。

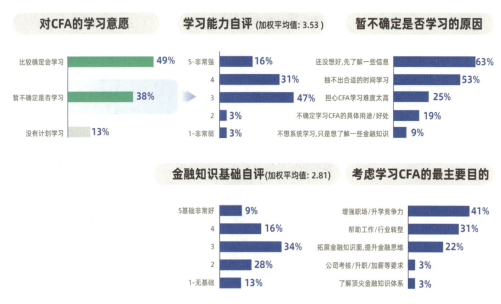

图3-21 "暂不确定会学习"用户对CFA的学习意愿及能力自评

　　13%的用户虽然与CFA产生了联系，但并没有计划学习，需在前期消除学习阻碍；阻碍用户学习CFA知识的最主要原因是"目的性模糊"，即不确定学习CFA的具体用途或好处是什么，如图3-22所示。

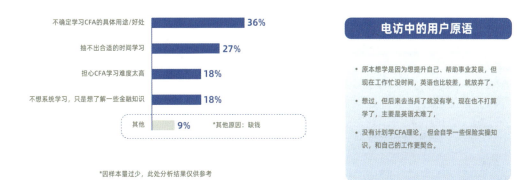

图3-22　阻碍用户学习CFA知识的最主要原因

有明确学习意愿的用户中，八成具备报班意向，并且希望通过报班提高学习效率，节约时间、精力；"报班价值点不清晰"是部分用户仍在犹豫是否报班的最大原因，因此明晰产品的价值与定位，是吸引用户报班的前提条件；暂未成交用户想要报班学习 CFA 的原因排序，与 A 公司 CFA 在读学员的表现基本一致，如图 3-23 所示。

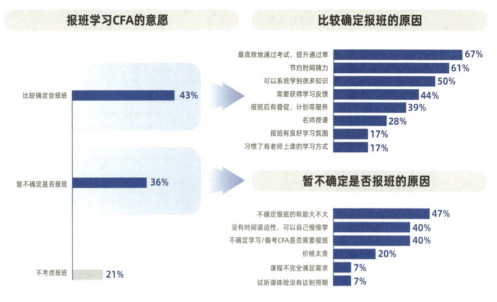

图3-23　暂未成交用户想要报班学习CFA的原因

　　有报班意向的用户中，仅三成用户对其他机构有所了解；70%具有报班意向的用户只知道 A 公司，Y 公司是其他竞品机构中提及率较高的一家；在 A 公司 CFA 的在读学员中，近六成用户没做过竞品比较，说明绝大多数用户在接触 A 公司后即选择报班。

　　有报班意向的用户更偏好考试针对性强的课程，但在具体课程内容方面的需求较为分散；用户对课程特点的偏好与其报班原因相契合，在课程内容上也对知识框架系统梳理、重难点讲解等应试内容表现出更高的期待，如图 3-24 所示。

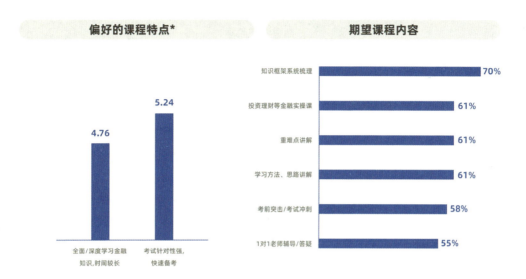

偏好的课程特点*

5.24

4.76

全面/深度学习金融
知识,时间较长

考试针对性强,
快速备考

期望课程内容

知识框架系统梳理 — 70%

投资理财等金融实操课 — 61%

重难点讲解 — 61%

学习方法、思路讲解 — 61%

考前突击/考试冲刺 — 58%

1对1老师辅导/答疑 — 55%

*得分计算规则:以10分为满分,用户根据自身偏好,为两种课程特点分配分值,回收数据后计算两者对应的权重值

图3-24 用户偏好的课程特点

有报班意向的用户在服务上最希望机构能协助其制订学习计划；58%的用户期望通过机构获得与职业规划相关的服务，这或许是未来拓宽服务类型的一个切入点，能够更好地将用户在 A 公司的生命周期串联起来，如图 3-25 所示。

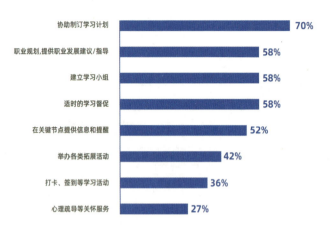

图3-25　用户期望的服务内容

比较确定会学习 CFA 的用户中有 21% 不考虑报班，但仍有一定课程售卖的空间；阻碍用户报班学习 CFA 的主要原因是价格问题，但仅一成用户表示课程不满足其需求，这意味着用户仍需要机构在课程方面所提供的帮助，如图3-26 所示。

因此，依据用户需求，明晰产品价值点，提高用户对课程"性价比"的认知，是未来吸引用户报班学习的一个着手方向。

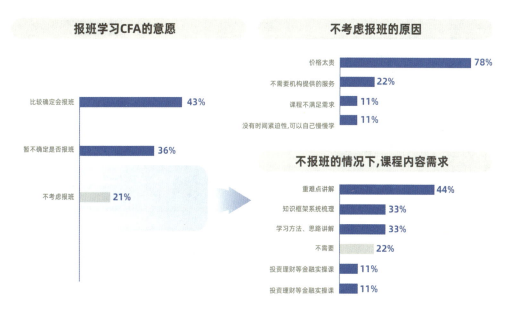

图3-26　报班学习CFA的意愿及不报班原因

根据后台系统拉取的 53 份线索信息，本次调研涉及的用户中有 6 人转化成功，34 人已无学习或报班意愿。

需要注意的是，本次调研发现系统中存在"线索分配错误"的情况：销售与学生联系后，才得知学生已为 A 公司学员。类似线索分配问题需引起重视，避免重复沟通引发学员不满的情绪，如图 3-27 所示。

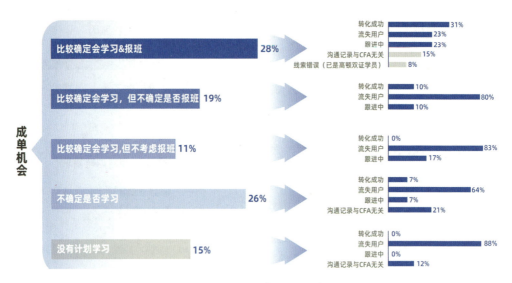

图3-27　成单机会分析

转化成功的学员的学习基础特征与 A 公司在读学员相似。学员均表现为有较强的参考意愿、对自身的学习能力评价为中等、金融基础知识较差，如图3-28所示。

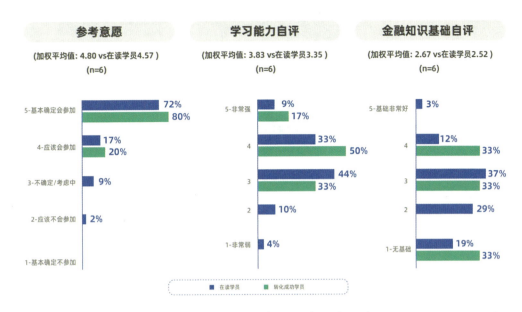

图3-28 转化成功学员的学习基础特征

在有明确流失原因的用户中,"计划/正在自学"和"不打算学CFA"是最主要的流失原因;有14%的用户表示,待通过目前学习的证书/考试后,会继续学习CFA;还存在27%的用户已与机构断联超过3个月,他们通过拒接、秒挂电话等方式,表示自己现已无报班意愿,如图3-29所示。

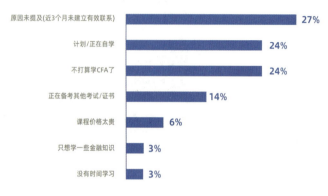

用户流失原因分析

图3-29　用户流失原因分析

四、项目后续跟进

调研结果共享：上述研究结果在 CFA 部门内部进行了分享，调研结果受到业务方认可并引发讨论，业务方将依据调研结果继续推进产品调整与改进，并提出进一步调研需求的计划。

后续调研方向：CFA 在读学员画像及需求调研（二期）（推进中）；细化 A 公司在读学员的分层标准及类型。并针对不同类型学员，深度挖掘其报班时的理想预期与报班后的需求变化，构建学员报班需求金字塔，明确各类需求所处层级及服务学员类型。CFA 自学用户需求调研（推进中）；在现有触达渠道上进一步拓宽调研用户类型，了解 CFA 自学用户在学习过程中的学习特征、学习需求、学习痛点、机构产品需求等维度上的信息，为售卖机构课程 / 服务、转化自学用户寻找可能的突破口。

未来还将逐步触达机构外层用户（如潜在用户、流失用户等），深度探究外层用户学习 CFA 的动机、需求、报班意愿等。从而为业务方进一步拓宽用户圈层、完善产品矩阵、提升转化率提供决策参考。

第六节　在读用户画像及需求调研

研究目的：调研聚焦 FRM 在读用户，并进行画像描摹，深入了解在读用户的需求，及对现有课程产品 / 服务的体验反馈，为提升业务能力提供参考建议。

研究方法：通过学管直接对用户线上投放，共回收有效样本 211 份。

回收时间：2023 年 1 月 24 日—2 月 13 日。

阅读说明：小样本量说明不具备统计学意义，结果仅供参考。

深蓝色加粗字体和蓝色底色填充，代表数据间存在显著差异。

一、FRM 在读用户画像

FRM 在读用户与 CFA 用户的性别比例相差不大，大约为 4∶6。2/3 的用户集中在一线 / 新一线城市；FRM 在读用户画像中半数为在职人员，相对 CFA 而言比例略低。在职用户以本科学历居多，多有一定职场经验，工作年限 8 年以上的有 38%，较 CFA 更年轻化；在读学生的比例在四成，以大二、大三为主，远超过 CFA 相同人群比例，如图 3-30 所示。

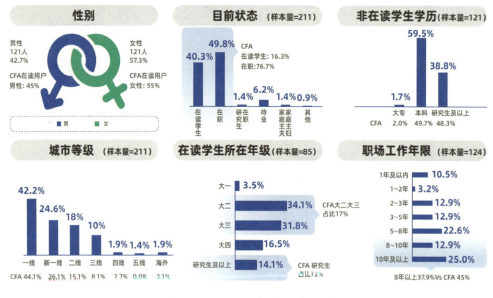

图3-30　FRM在读用户画像

　　在读用户大多有一定的金融基础。其中在读学生所学专业属于金融学类的有近六成；在职人士中超半数从事金融相关工作，如图3-31所示。

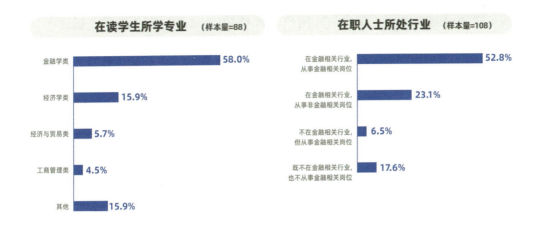

* 专业设置:金融学类(如:金融学、保险学等),经济学类(如经济学、经济统计学等),经济与贸易类(国际经济与贸易、贸易经济),工商管理类(如会计学、审计学等)
* 其他:理科-金融会计、金融工程;理学类-数学、应用数学、统计学、大数据;管理类-行政管理、物流管理;文科-政治、法学;艺术类-舞蹈;工科-环境

图3-31　FRM在读学生专业及在职人士行业

用户学习 FRM 的动机多为谋求职场发展，其中女性占比更高，如图 3-22 所示。

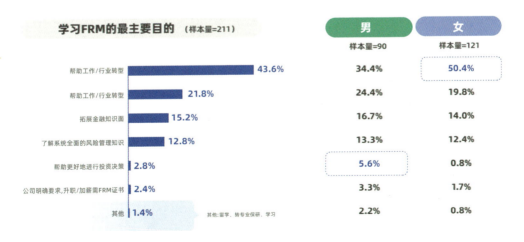

图3-32　用户学习FRM的动机及性别

在学习基础方面，报班前，用户通常对 FRM 已有一定的了解，通过考试的意愿强，学习能力中等，金融基础较薄弱。学习基础一般且考证意愿强烈的超六成（CFA 61%）。与 CFA 的在读用户相比，FRM 用户自评学习基础更好，且考证意愿强烈的超两成（>CFA 14%），如图 3-33 所示。

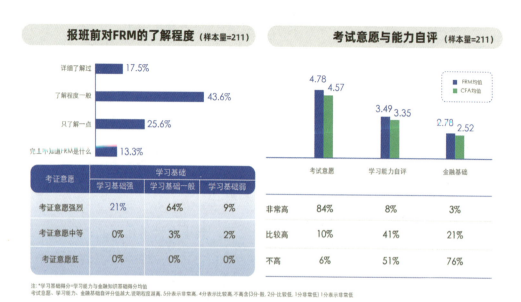

图3-33　用户对FRM的了解程度及考试意愿与能力自评

二、报班决策

约 1/3 的用户通过身边熟人了解到 FRM，对机构来说，口碑维护极其重要；其次是培训机构人员的介绍及官方渠道营销，社交平台占比不高；无论是否报名 CFA，用户对 FRM 的初步了解渠道没有明显的差别，如图 3-34 所示。

图3-34　FRM初步了解渠道

　　在报班时，超过六成用户没有进行竞品比较（>CFA 58%），且无论是否报名 CFA，用户间并无显著差异性。

　　在机构的选择中，与学习内容直接关联的课程和师资质量是用户关注的主要因素，如图 3-35 所示。

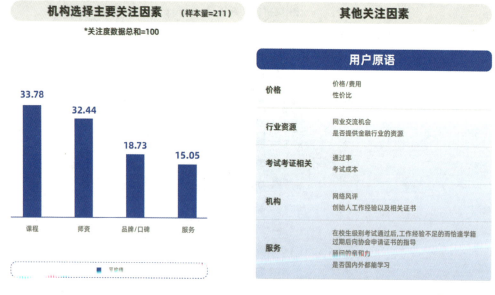

图3-35　机构选择关注因素

"课程"方面，课程精简、考试针对性强是用户的主要需求，尤其是女性群体；与女性相比，男性群体更关注课程安排是否灵活。女性群体对于课程形式的丰富度关注度较高，如图3-36所示。

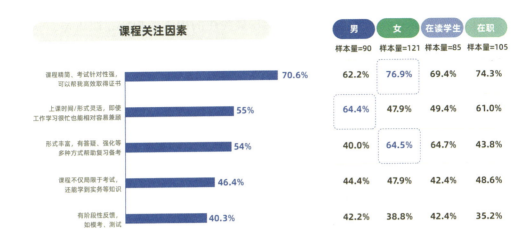

图3-36 课程关注因素及用户群体

"师资"方面，讲师授课逻辑是否清晰是用户最关注的因素。另外一个有趣的发现是，男性对于老师颜值的关注明显高于女性，如图3-37所示。

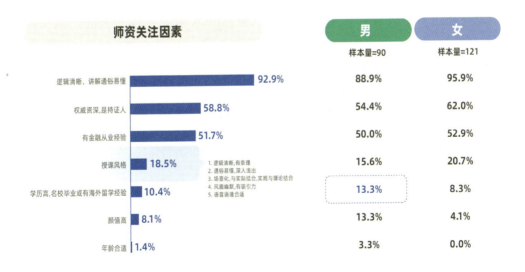

图3-37 师资关注因素及性别

在服务方面，学术类问题答疑是用户最关注的因素；相比在职人员，学生群体对于督学服务更加看重，如图3-38所示。

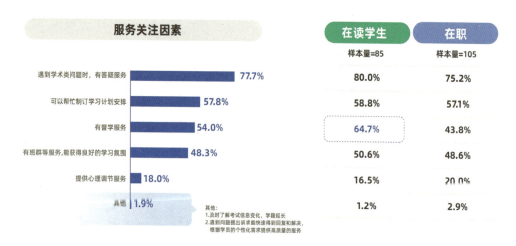

图3-38　服务关注因素

双证用户中，近六成是直接报名双证，FRM单证课程升级的比例仅占14%；无论顺序如何，用户选择报名双证班的主要考虑因素是相互补充，知识体系更完整（63.0%），组合报班优惠也是一大吸引因素（42.5%），如图3-39所示。

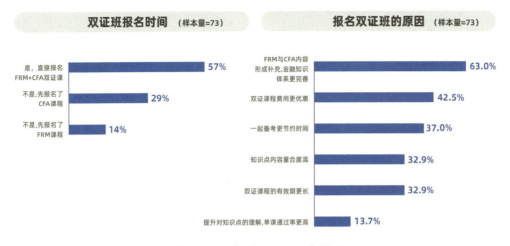

图3-39 报名双证班的原因

三、学习体验

用户整体满意度较高（4.11），但推荐意愿较低（NPS=3.6）。

整体推荐者占32%，NPS 值仅为3.6（vs.CFA 17）。其中男性用户、在读学生的推荐意愿更低，NPS 为负值，需关注。

课程对于用户满意与推荐的影响大于服务；与 CFA 用户相比，FRM 用户课程满意度略低，对学管满意度更高，如图 3-40 所示。

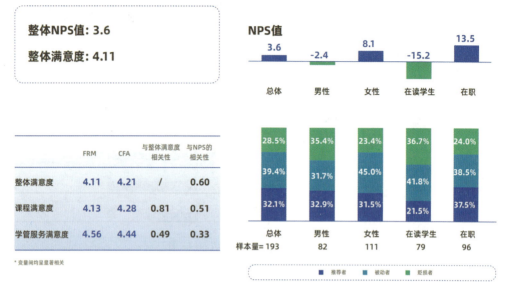

	FRM	CFA	与整体满意度相关性	与NPS的相关性
整体满意度	4.11	4.21	/	0.60
课程满意度	4.13	4.28	0.81	0.51
学管服务满意度	4.56	4.44	0.49	0.33

* 变量间均呈显著相关

图3-40　FRM用户课程满意度

　　用户主要因为课程内容通俗易接受，服务好而推荐。

　　用户推荐度低的原因除了客观因素外（如周边人群不从事相关工作），主要是目前提供的产品质量上还有欠缺，如存在知识点盲区、内容解析不到位、信息传递的及时性和准确性欠缺，未来在产品质量精细度上还需要仔细打磨，如图3-41所示。

推荐度打分原因—正向反馈	
课程方面	课程好 课程通俗易懂 讲课内容容易接受，体验很好 课程内容清晰，针对考试性强 很有实操意义 更适合备考
讲师方面	A公司老师非常好 师资较好，通过率高 A公司提供的名师答疑，帮助很大 知识点的讲解上大部分比较不错 课程讲解详细 老师专业
服务方面	服务好，很满意高顿的服务 服务态度好 学习计划安排较为合理 班班们也都很负责 师资教学非常薄弱，照本科的技巧都不够格 督学服务好 学习软件功能好
费用方面	价格机构实惠 收费符合市场机制
考试通过率	因为听课了，我过了 考试成功率 押题准
品牌/口碑	因为大家都说A公司好，我自己学觉得还不错 A公司的口碑和专业度 目前认为A公司最权威
其他	非常适合在校大学生提升自己的就业竞争力

推荐度打分原因—负向反馈	
课程方面	课程框架性不够明确，题目存在当堂课的知识点区难度，比较难 课程质量一般
课程学籍时长	课程有效期略短 课程期限只有两年太短了
习题解析	习题解析大部分只有英文没有中文，不能很好地更透彻地理解解析表达的意思 很多题没有解析
服务方面	p1服务较好，p2到目前为止服务体验非常般课程质量问题。但是答疑服务有待改进 我不了解也没有人跟我说学习该课需要花费的时间，我甚至都不知道要学好几科.报考需要力护照，很多信息老师说的很模糊，什么证明都没给就没后话了，老师可能也很忙也不回我
讲师方面	师资教学非常薄弱，照本科的技巧都不够格 大家（备考群）都认为有些课程讲得不清楚
费用方面	A公司课程价格偏高
其他因素	亲朋好友不是这类人群 不从事专业工作，无必要向他人推荐 没有适龄人群 朋友圈主要非金融行业 适合的人群不多（没这方面的职业规划和学习意愿） 非金融圈更适合学霸增值

图3-41　推荐度打分原因

学习基础强的用户对于FRM整体更为满意，基础弱的用户推荐度更低。

目前的课程更适合有一定学习基础的群体学习，基础较弱的群体学习起来比较困难，满意度及推荐度也会相对更低，如图3-42所示。

		学习基础强	学习基础一般	学习基础弱
样本量=		43	128	22
NPS人群	推荐者	30.2%	34.4%	22.7%
	中立者	48.8%	38.3%	27.3%
	贬损者	20.9%	27.3%	50.0%
课程难易程度	非常轻松	4.7%	1.6%	0.0%
	比较轻松	39.5%	14.8%	9.1%
	难度适中	44.2%	52.3%	45.5%
	比较困难	9.3%	28.1%	31.8%
	非常困难	2.3%	3.1%	13.6%
FRM整体满意程度	非常满意	37.2%	23.4%	27.3%
	比较满意	53.5%	60.9%	59.1%
	一般	4.7%	14.8%	13.6%
	比较不满意	2.3%	0.8%	0.0%
	非常不满意	2.3%	0.0%	0.0%

注:学习基础得分=学习能力与金融知识基础得分均值
学习基础强:得分4-5分,学习基础一般:得分2.5-3.5分,学习基础弱:得分1-2分

图3-42　学习基础强弱与课程满意度的相关性

在"课程"方面，半数用户希望加强知识点深入讲解及重难点突破，尤其是以增强职场提升力为主要目的的用户。有四成用户期待有更多的实操内容；满意度一般的用户中，认为课程内容过于粗浅的比例明显更高，说明这一问题是降低用户满意度的主要原因之一，如图 3-43 所示。

图3-43 课程待提升点

　　FRM用户学习以通过考试为优先目的，因此与考试关系更为密切的模考讲解、高频考点汇总被认为帮助更大。有过这两个阶段课程体验的用户，对课程整体满意度更高，如图 3-44 所示。

图3-44 用户认为不同复习阶段课程的帮助程度

　　基于直播实时沟通的优势，超过半数用户表示喜欢直播的授课形式，但仅15%的用户愿意尽可能地看实时直播。时间不灵活是直播课程的最大痛点，如图3-45所示。

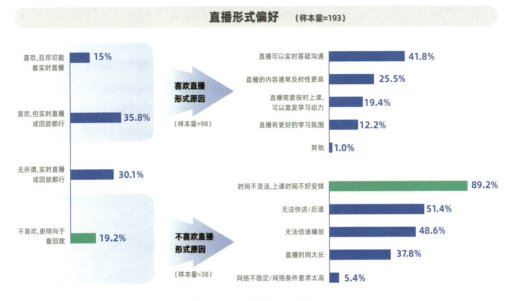

直播形式偏好 （样本量=193）

喜欢,且尽可能看实时直播 15%

喜欢,但实时直播或回放都行 35.8%

无所谓,实时直播或回放都行 30.1%

不喜欢,更倾向于看回放 19.2%

喜欢直播形式原因 （样本量=98）

直播可以实时答疑沟通 41.8%

直播的内容通常及时性更高 25.5%

直播需要按时上课,可以激发学习动力 19.4%

直播有更好的学习氛围 12.2%

其他 1.0%

不喜欢直播形式原因 （样本量=38）

时间不灵活,上课时间不好安排 89.2%

无法快进/后退 51.4%

无法倍速播放 48.6%

直播时间太长 37.8%

网络不稳定/网络条件要求太高 5.4%

图3-45　直播形式偏好

在"学管"方面，用户的满意度为 4.56 分，未来学管在信息提供及时性方面仍需加强，如图 3-46 所示。

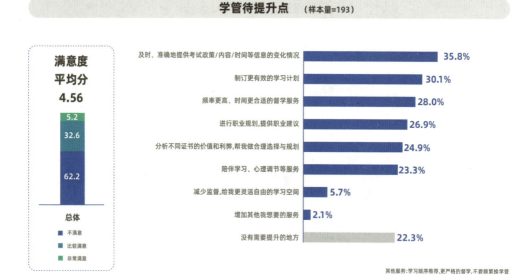

图3-46 学管待提升点

对于与学管沟通的频次，四成用户需要每周至少1次的沟通，约1/3的用户更看重信息的及时提醒和需求的及时响应。虽然在读用户更看重督学服务，但在沟通频次需求方面没有明显的差异。

图3-47　学习计划制订待提升点及偏好的学管沟通频次

另外，还有超过半数用户期待学管能够协助制订更灵活有效的学习计划。具体来看，用户对于 FRM 学习周期的期待，学管在制订学习计划时可参考决策。

在用户的认知中，Part2 所需备考时间较 Part1 更长，超过三成用户认为半年时间不足以备考 Part2，如图 3-48 所示。

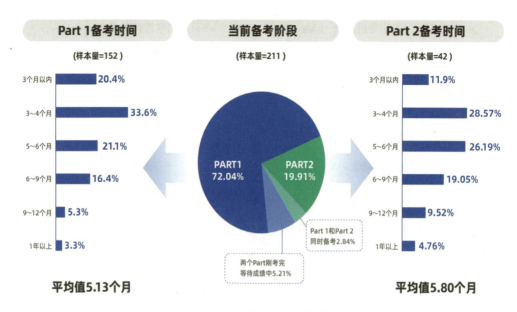

图3-48 用户期望的备考时间

七成FRM用户计划在2年内通过考试，其中预期花1～2年时间的人数最多，占比四成。1年内连续考试的用户数量在三成左右。

相比之下，男性用户、在职人士倾向快速、连续地参加考试，在一年内通过；而女性、在读学生群体预留的考试周期相对更长，多在1～2年内，如图3-49所示。

通过所有考试的时间

- 1年之内(连续参加P1、P2考试)　**30%**
- 1~2年　**39%**
- 2~3年　**14%**
- 3年以上　**1%**
- 看学习情况安排考试,不确定　**16%**

	在读学生			在职			
	总体		男	女	总体		男	女
	占比	样本量	占比	占比	占比	样本量	占比	占比
1年之内(连续参加P1、P2考试)	14%	12	17%	13%	41%	43	51%	31%
1~2年	42%	36	55%	36%	36%	38	24%	48%
2~3年	12%	10	14%	11%	18%	19	20%	17%
3年以上	2%	2	3%	2%	0%	0	0%	0%
1~2年	29%	25	10%	39%	5%	5	6%	4%

图3-49　用户期望通过考试的时间

　　忙碌/没时间是用户不连续参加考试的主要原因。备考Part2的用户中,有两成用户对证书的需求不急迫,与课程产品设计本身关联性不大,如图3-50所示。

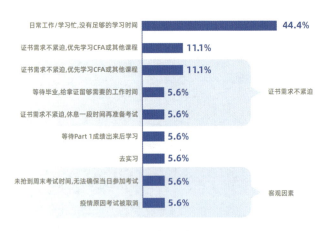

图3-50　不连续参加考试的原因

四、ACCA

（一）项目背景

1.政策利好

多城市对 ACCA 持证人员持续提供各类扶持和补贴政策，且多年来政策施行稳定。

近年来，北、上、广、深等一线、新一线城市分别出台了相关政策，支持金融人才发展，鼓励从业人员获得专业资格认证。其中，不仅将 ACCA 持证人认定为高端人才，同时辅以各类落户、奖金、房补等福利政策。根据初步统计，目前，天津、重庆、西安、厦门、青岛、成都等城市均已将 ACCA 人才纳入高端金融人才发展计划，或作为重点引进培养对象。

2.ACCA 官方

全球 ACCA 学员数量呈负增长趋势，中国区学员留存率低于全球83.8%的平均水平。

与持续稳定的利好政策不同，ACCA 官方的数据显示，当前 ACCA 会员 /
学员的数量、留存率均呈下降趋势，中国区尤其明显。

全球 ACCA 会员 / 学员数量及留存情况：ACCA 全球官方网站发布的年报
（每年年报截止日为当年 3 月 31 日，即上年 4 月 1 日至当年 3 月 31 日）显示，
随着 ACCA 在全球范围内的不断拓展，其会员和学员数量在 2016—2020 年一
直处于稳步增长状态，但是在 2021 年，全球 ACCA 会员数量增长速度放缓，
学员数量则出现负增长，官方将该数据的下滑归结于疫情的影响，如表 3-51
所示。

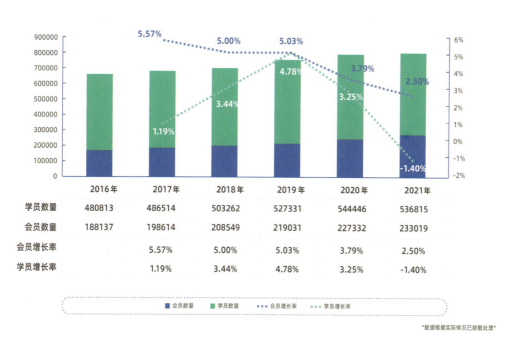

	2016 年	2017 年	2018 年	2019 年	2020 年	2021 年
学员数量	480813	486514	503262	527331	544446	536815
会员数量	188137	198614	208549	219031	227332	233019
会员增长率		5.57%	5.00%	5.03%	3.79%	2.50%
学员增长率		1.19%	3.44%	4.78%	3.25%	-1.40%

数据根据实际情况已脱敏处理

图3-51　2016—2021年ACCA全球会员及学员数量变化表

ACCA 年报数据同时表明：全球 ACCA 会员和学员的留存率在 2019 年达
到高点后，于近两年出现下降态势，如何稳定、提高留存率，特别是学员的留

存率成为 ACCA 官方所面临的挑战之一。除营销外，其更多需要在实际价值赋予等方面做工作，如图 3-52 所示。

图3-52 2017—2022年ACCA全球会员及学员留存情况表

ACCA 中国区发展情况：全球 ACCA 官方披露的 2021 年数据报告显示，2021 年 ACCA 中国区的会员留存率低于全球 97.0% 的平均水平，也低于全球当期 94.7% 的预期值；同时中国区的学员留存率低于全球 83.8% 的平均水平，也低于全球当期 82.1% 的预期值，但具体比例均未透露。对于 ACCA 在中国区的具体学员和会员数量，暂未发现相关的权威数据披露，但是根据各个媒体平台的综合报道，2021 年 9 月，ACCA 在中国大陆地区的会员数量突破 1 万人。

ACCA 办事处工作人员表示虽然 ACCA 具有较高报考价值，但同时需承认当前中国区学员数量减少，弃考比例增加。ACCA 官方将该变化归因于疫情影响。

在此背景下，ACCA 在中国市场中的实用价值及备考人群中的学习／应用价值仍需进一步探知与确认，进而明晰市场环境，及时跟进市场需求，以动态发展的眼光解构 ACCA 价值。因此，本次调研将结合宏观市场环境及微观用户反馈，深度剖析 ACCA 的市场价值及用户感知价值，为奠定机构产品定位、推进产品迭代提供参考。

（二）项目推进

1.ACCA 市场研究

研究目的：从政策端、高校端、企业端及机构端入手，多角度梳理、分析市场发展现状及对 ACCA 的价值认定，为机构业务发展提供决策参考。

研究方法：桌面研究及关键人物访谈。

2.ACCA 用户感知价值点探索调研

研究目的：梳理大学生群体的学习过程中对于 ACCA 价值的感知情况，同时将用户未来职业发展规划行为及动机相结合，为调整产品定位、布局产品 / 服务矩阵、提升用户转化率提供决策参考。

研究方法：一对一深度访谈，共访谈 80 名 ACCA 在读用户。

（三）项目成果

研究发现概要总体来说，有以下两点调研结果：

1.ACCA 市场研究

政策方面，北、上、广、深等一线、新一线城市持续出台 ACCA 相关扶持政策，整体政策表现稳定向好。

院校方面，近年有近 20 家院校取消会计专业全日制硕士招生，改为非全日制学制；经 2019 年高点后，新设 ACCA 班的大学数量在近 3 年下降明显，原有大学 ACCA 班招生数量下降；多数大学财会类教授对 ACCA 的总体价值认可度较低，且该认知在近年内未发生较大改变。

企业方面，会计类岗位竞争加剧，利好考证市场；四大会计师事务所仍将ACCA看作加分项，价值认可度暂无明显变化，主要会计师事务所等员工人数缓增。

财会考证市场整体仍呈增长态势。除CPA因疫情和报考政策改革影响而出现缓降外，其他各类财会考证报考人数仍在增长。

市场暂未出现新兴强势ACCA机构，A公司、B公司、C公司、D公司等ACCA培训机构在数据转化率方面表现较为稳定，并未出现较大波动。

2.ACCA用户感知价值点探索调研

用户的学习需求往往源于一些弥散的心理感受，如"学习就是好的""证多不压身"等，此时的学习需求并不指向具体的学习内容。

在用户学习需求逐步清晰的过程中，通常需要经历自身需求/能力评估、相关信息获取、多方比较等过程，最终明确学习ACCA的优势及价值，如其具有的备考时间优势、阶段性反馈以及更高的容错率、适宜的学习/考试难度等。

在学习ACCA的过程中，用户得以更真实地触及ACCA价值点，主要分为"客观应用"及"主观感受"两个层面。在客观应用方面，深化/巩固财会专业知识、助力实习经历是学习ACCA的主要价值点，同时用户还能从一些实践活动中感知ACCA的应用价值；在主观感受方面，拓展眼界、提升学习/思维能力、强化专业自信是用户较多提及的学习体验。

不可否认的是，ACCA在这些价值点背后，仍有一定的局限性，同样值得注意。大学生的学习需求及未来规划不确定性高，"试错"是用户在访谈中提及的关键词之一。但目前ACCA的价值表现相对集中于财会领域的资源/机会供给。如何更加贴合商科学生在大类领域内的其他发展需求，并提供、优

化相应产品 / 服务，如其他金融行业的资讯、实习机会等，是机构急需考虑的问题。

为了进一步提升用户对 ACCA 的价值感知，机构应完善奖励机制，使用户在学习过程中获得广泛而丰富的正向反馈。这种正向反馈既可以是现实层面的，也可以是心理感受方面的。结合学生对 ACCA 的价值体验的"波动曲线"，可以针对性给予一些解决方案。同时，机构也要注重承担学习托底责任，成为用户获取学习动力的来源之一。

第七节　市场研究

一、政策端

作为全球性的国际专业会计师组织，ACCA 在中国发展的 30 余年间，在政府相关部门、行业协会、企业、教育伙伴等的大力支持下，为中国培养了众多财会人才和管理者。与此同时，全国各省市也陆陆续续出台关于 ACCA 的福利政策，不仅将 ACCA 持证人认定为高端人才，落户、奖金、房补等各种福利政策也纷纷出台。根据初步统计，目前，包括北京、上海、广州、深圳、天津、重庆、西安、厦门、青岛、成都、宁波、南昌、大连在内的各大城市均已将 ACCA 人才纳入高端金融人才发展计划，或作为重点引进培养对象。我们将北京、上海、广州和深圳四大一线城市的 ACCA 相关政策罗列如表 3-3、表 3-4 所示。可以发现，四大一线城市对于 ACCA 人才的扶持政策总体表现出稳定、持续性向好的特点。

表 3-3 北京和上海两大城市的 ACCA 政策一览表

序号	地区	年月	政策	政策细则摘要
1	北京	2021 年 9 月	《国家服务业扩大开放综合示范区和中国（北京）自由贸易试验区境外职业资格认可目录（1.0 版）》	ACCA 持证者将被纳入本市人才引进和工作居住证办理范围；相关部门将在创新创业、人才培养、社会保障、评价激励等方面给予其支持
		2017 年 1 月	《北京市"十二五"时期金融业发展规划》	提出加强对高端金融人才在人才引进、住房保障、医疗健康、教育培训、子女入学等方面的服务
2	上海	2021 年 8 月	《上海市重点领域（金融类）"十四五"紧缺人才开发目录》	ACCA 人才被列入业务类金融紧缺人才，优先列入上海金才开发计划，在居留、出入境、工作许可证、落户、安居等方面获得更多支持和便利
		2016 年 12 月	《上海金融领域"十三五"紧缺人才开发目录》	将取得 ACCA 专业资格的人才列为租赁业务、担保业务、财富管理、金融财会、金融审计领域的紧缺人才。享受出入境、工作许可、医疗、通关、居留、子女教育和住房优惠待遇

表 3-4　广州和深圳两大城市的 ACCA 政策一览表

序号	地区	年月	政策	政策细则摘要
1	广州	2019 年 12 月	《广州高层次金融人才支持项目实施办法(第二次修订)》	在"金融高级专业人才"的 28 项人才子类中,ACCA 被视作衡量专业度的标准,一经评定,现有的金融高级专业人才将获得高达 10 万元的补贴
		2017 年 8 月	《广州市高层次金融人才目录》	明确将 ACCA 会员列为高层次金融人才。享受福利:1. 现有高层次金融人才将获得 10 万元人民币补贴,新引进人才将一次性获得 20 万元人民币安家补贴;2. 海外培训机会;3.股权奖励;4.购车和子女教育享受广州市市民待遇
2	深圳	2021 年 9 月	《2021 年深圳市金融从业人员职业素质提升奖励补贴项目和全球知名高校在校大学生实习补贴项目申报指南》	对 2017 年 1 月 1 日后取得 CFA、ACCA 等执业资格证书且在深圳市金融系统全职工作满两年的,每个执业资格证书给予 1 万元奖励补贴,每人最高不超过 5 万元
		2021 年 9 月	《关于进一步实施福田英才荟计划的若干措施(2021 年)》	关于金融持证人才奖励,对获得特许公认会计师(ACCA)资格证书,且在辖区同一家金融机构或金融专业服务机构从事相关专业工作连续三年以上的,给予 3 万元奖励
		2019 年 7 月	《关于进一步实施福田英才荟若干措施的通知》	获得 ACCA 证书,在申报时未认定为深圳市高层次人才或孔雀人才,且在同一家辖区金融机构或金融专业服务机构从事相关专业工作连续三年以上,给予一次性 3 万元人才奖励

二、高校端

（一）高校专业招生——高校的会计 & 财务专业招生数量变化

根据中国教育在线的数据，目前国内开设会计学和财务管理专业的本科高校（含公办和民办）数量分为 671 家和 706 家（同一高校存在两大专业均招生情况）。同时根据高考志愿填报服务平台优志愿所整理的数据来看，2022 年全国工商管理类专业招生计划数超过 34 万人，较 2021 年下降 2.8%。在工商管理类别中，会计学、财务管理、市场营销、工商管理、人力资源管理是招生数量最高的几大专业。但相较于 2021 年，上述专业的招生数量在 2022 年均出现较大下滑，其中会计学和财务管理专业的招生计划数也出现较大下滑。

作为 ACCA 核心潜在报班人群的两大专业，在 2021—2022 年，各高校在会计学和财务管理两大专业的总招生数量均减少 5000 人，两大专业累计共减少招生 10000 人。在潜在客户群数量下滑的背景下，各机构在招生方面将面临更大的挑战。另外机构更需要关注细化运营，提高转化率、复购率及转介绍率，如图 3-53 所示。

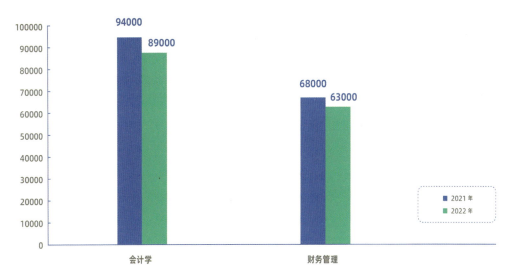

图3-53 2021—2022年全国高校中会计学和财务管理

两大专业的招生计划数量变化

数据来源：优志愿相关报告。

（二）部分高校的会计和财务专业招生计划变化

根据初步统计，近几年，我国约有 16 所高校取消或者拟取消会计专业，主要表现在：①清华大学招生办宣布的 2020 年招生情况中，明确了会计学专业停止招收本科生；②安徽大学宣布在 2020 年拟申请撤销税收学、财务管理等 12 个本科专业；③其他高校则主要通过取消全日制会计专业硕士招生，转而招收非全日制会计硕士，见表 3-5。

表 3-5　近年取消或改变会计和财务专业招生计划的高校一览表

序号	时间／年	高校名称	动作
1	2020	哈尔滨工业大学	2021 年会计硕士（专硕）只招非全日制
2	2020	北京航空航天大学	2020 年硕士招生中，会计专硕全日制仅招收推免生，统考会计专硕只能考非全日制
3	2020	中国地质大(武汉)	会计专硕全日制不再招收统考生，只招推免生
4	2020	北京理工大学	2020 年会计专硕取消全日制招生，只招收非全日制研究生
5	2020	清华大学	宣布会计学专业停招
6	2020	安徽大学	拟申请撤销税收学、财务管理等 12 个本科专业，2021 年招生计划中已无这两个专业
7	2019	华中科技大学	会计专硕（全日制非定向）仅接收推免生
9	2019	南昌大学	会计专硕取消了全日制招生计划，2020 年的招生专业目录中依旧只有非全日制
10	2018	四川大学	在会计专硕招生计划中，非全日制招收 160 人，不再招收全日制学生
11	2018	中南财经政法大学	会计专硕全日制招收 100 多人，2019 年直接取消全日制
12	2018	中南大学	中南大学商学院的会计硕士（MPAcc）研究生招生仅招收非全日制
13	2018	长安大学	其中会计专硕（30 名）等只招收非全日制硕士学位研究生。会计硕士不招收全日制研究生
14	2017	武汉大学	MPAcc 招生计划中，全日制仅招收推免，非全日制招收 140 人
15	2017	华南理工大学	MPAcc 全日制脱产班计划全部从夏令营和推免生中录取，不再接收统考生
16	2017	西安交通大学	2018 年会计硕士招生计划中规定不招收全日制统考研究生

数据来源：网络数据整理。

（三）高校 ACCA 方向班招生情况

1. 开设 ACCA 方向班的高校数量

ACCA 自 1988 年进入中国以来，经历近 30 年发展，通过自身或者官方认可的 ACCA 培训机构和国内各大高校进行校企合作，在校内开设 ACCA 方向班。高校开设 ACCA 方向班的招生模式不一，目前有两种招生模式。第一种是纳入高考招生专业，由学生在高考后统一填报志愿，如湖南工商大学、湘潭大学等。第二种是大一新生入校后，由学校统一组织二次选拔，面向全校文理各专业或者会计学院（或管理学院）等范围内的本科大一新生（艺体生除外）开放报名，独立成班、全日制（需转为会计专业）或者周末（辅修 ACCA）正常开课，如兰州大学、重庆大学等，多数高校采取该招生模式。

根据不同的网络报道，我们发现国内目前开设 ACCA 方向班的高校数量超过 100 所，但具体数量，各家报道不一。受时间限制，我们初步整理出其中 101 家，这些高校在 2021 年仍开设 ACCA 方向班并对内招生。101 家高校分别从不同的年份开始开设 ACCA 方向班。每年新加入的高校数量如图 3-54 所示。

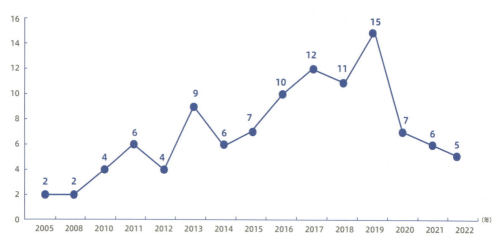

图3-54   2005—2022年每年新开设ACCA方向班的高校数量变化

数据来源：各高校官网、网络数据等。

从这101家高校ACCA方向班初始开设年份的统计来看，从2005年到2015年，每年新开设ACCA方向班的学校数量均不超过10所，数量增长较为缓慢。而在2016—2019年每年新加入的高校数量均超过10家，并在2019年出现增长高峰。2020—2022年，新增高校数量出现大幅下降趋势。未来各大机构若通过校企合作开设ACCA方向班来进行业务扩张，势必需要不断下沉到更多高校，对于高校资源的竞争将更加激烈。

2. 开设ACCA方向班的招生数量

通过对101家高校的官网、网络渠道信息整理及电话问询结果来看，我们发现其中有53家高校详细披露了2019—2021年中每年的招生数量（其余高校的数据均披露不全，暂不纳入统计范围）。2019—2021年53家高校中ACCA方向班的总招生数量变化统计如图3-55所示。我们发现，自2019年至2021年，53家高校中ACCA方向班的招生数在2020年出现微弱下降，后又在2021年出现微弱增长。总体来看，高校的ACCA方向班招生量已经出现明显的增长乏力态势。通过校企合作开办 ACCA 方向班的机构若是想要争取更多突破，一方面需要维护好老校招生，另一方面需要开拓更多的新校。

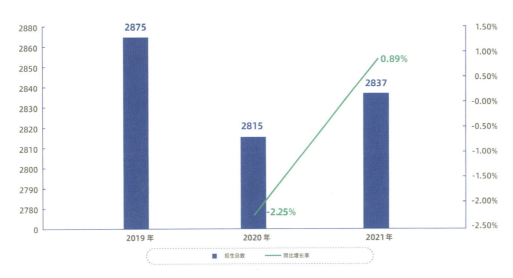

图3-55　2019—2021年53家高校中ACCA方向班的招生计划变化

数据来源：各高校官网、网络及电话问询。

3. 高校 ACCA 班学员毕业去向

通过网络检索，我们发现部分高校披露了其 ACCA 方向班毕业生的流向，现将其统计如下，见表 3-6。可以发现，根据已披露高校的信息，在 ACCA 方向班的全体毕业生中，有明确去向的占据 97%，其中约 22% 出国留学，12% 国内深造，另有 63% 直接国内就业。直接就业的单位包括各大会计师事务所、金融机构、世界 500 强、大型国企等单位。部分高校，如云南大学在招生简章中宣称 ACCA 班学员的就业结构及就业质量优于普通会计学专业，也明显高于其他文科专业学生。

表 3-6　部分高校 ACCA 方向班学员的毕业去向统计情况

序号	高校名称	出国	国内深造	直接就业	就业单位
1	四川师范大学	20%	10%	70%	国际四大／国内八大会计师事务所、世界 500 强、知名金融机构、大型国企及事业单位
2	哈尔滨商业大学	35%	8%	57%	四大会计师事务所（15%），其他国内企业（24%），外资（18%）
3	云南大学	30%	20%	50%	会计师事务所、银行等
4	西南科技大学	20%	15%	65%	国际四大／国内八大会计师事务所、世界知名金融机构
5	杭州工商大学	28.6%		71.4%	世界公司、各类会计师事务所、银行、国企、外企
6	西南财经大学	20%	10%	70%	国际四大／国内八大会计师事务所、世界 500 强、知名金融机构、大型国企及事业单位
7	宜宾学院	10%	5%	85%	国际四大／国内八大会计师事务所、世界 500 强、金融机构、大型国企及事业单位
8	中南林业科技大学	23%	17%	60%	高端岗位就业（40%）、普通岗就业（10%）
9	武汉工程大学	20%+	暂无	50%	高端就业，详情暂未列
10	武汉纺织大学	24%	暂无	暂无	暂无
平均水平		22%	12%	63%	

数据来源：各校近年的招生简章、电话问询等。

4.高校老师访谈

结合分析以上我们对于高校在会计、财务及 ACCA 方向班等方面的招生情况，在定量方面，我们基本可以看到 ACCA 面临潜在客户群减少及 ACCA 方向班人群增长乏力的趋势。而在定性方面，我们尝试通过对高校老师进行访谈来进一步探究相关受访人对 ACCA 的价值认可及推荐态度。

我们对 13 所高校中从事会计学专业教学的教授、副教授和辅导员进行了一对一访谈，主要是想了解：高校老师当前如何定义 ACCA 的价值；高校老师看待 ACCA 的观点是否发生过变化；高校老师在学生报考 ACCA 上的态度倾向。

为了保证访谈结果的科学性，13 所高校包括 4 所 985 高校、2 所 211 高校，以及 7 所普通二本学校。所有高校在地域上也尽量做到覆盖全国的主要片区。

通过对 13 位高校教授、副教授和辅导员等人员的调研访谈，我们发现，目前受访老师对 ACCA 的价值观点和态度主要分为如下三种：肯定并大力推荐（占比 31%），中立且视条件推荐（23%），以及否定且不推荐（46%）。总体来看，高校老师对于 ACCA 的价值认可度较低，未来 ACCA 官方及相关机构需对 ACCA 价值点进行更多挖掘和认知教育。下面我们将对上述三种观点做具体展开和说明。

第一种：肯定并大力推荐。从持肯定并推荐态度的受访者透露的信息来看，ACCA 的主要价值体现在高含金量、多实用知识、强就业优势、重思维塑造 4 个方面，展开如下。

（1）高含金量

财会领域仅次于 CPA 的证书，认可度高。

"ACCA 证书是国外认可度最高的财会类证书之一，课程多，时间长，通过率低，证明含金量也高。如果将来考虑仍然做会计相关专业，怎么去证明自己的能力，增加自身竞争力，ACCA 是有含金量的，13 门课也不是那么容易考的，正因为难考，也证明有含金量，我是一直推荐的。"

—— G 华中科技大学会计系教授

（2）多实用知识

实用知识帮助未来职场。

"ACCA 也能够学到比较实用的会计知识，比如各类财务报表的解读等内容，能够帮助大家在以后工作的公司，在上市、融资等过程中都用得到。"

—— S 上海商学院 ACCA 教育中心

（3）强就业优势

在进入外企、会计事务所，或特定 ACCA 定向就业机构时，具备优先权。

"取得 ACCA 资格的学生在面试会计师事务所、外企时，会比其他同等条件的应聘者有优势。此外 ACCA 官方还提供专门的岗位开放给学员和会员们，这些岗位都是在我们常规的像智联招聘等平台上没有的。只有会员才可以去应聘。"

—— S 上海商学院 ACCA 教育中心

（4）重思维塑造

会计思维和观念的培养和塑造。

"ACCA更多的是一种思维、观念的培养。CPA定位中层，融入了大量的计算，但是思维观念并没有培养，而ACCA则是让人站在高层角度上，告诉他为什么要用这种会计方法，而CPA只会告诉要用这种方法，但是不会告诉为啥这么做。"

——G 华中科技大学会计系教授

第二种：中立且视情况推荐。从持中立且视条件推荐态度的受访者透露的信息来看，ACCA具备一定含金量，有助于大家进入优质企业，但不应该忽视时间、金钱消耗大、未来职业发展等各方面的情况，具体展开如下。

（1）有含金量

有一定含金量，有助于大家进入大公司。

"ACCA总体来说还是有一定的含金量的，对于进入外企是有帮助的。"

——J 中国人民大学会计系教授

（2）消耗大，需综合考虑

ACCA考试费用高、科目多，耗时长，所以要综合考虑。

"具体考不考ACCA，要看个人，毕竟还是要付出成本的。我不会去鼓励或者推荐，我们又不是培训机构。"

——J 中国人民大学会计系教授

第三种：否定且不推荐。从持否定且不推荐态度的受访者透露的信息来看，大家对ACCA好感度差，主要表现在侧重营销、费时费财、弱实用性和窄就业方面，具体展开如下。

（1）侧重营销

被受访者诟病广告打得好，实际没有价值，甚至被"吐槽"为"骗子"。

"ACCA 在国内有一定的市场，主要还是它的宣传做得好，其实在英国它也并不是最好的，我不大推荐。"

——C 东南大学财会系首席教授

（2）费时费财

ACCA 考试各种费用很高，且科目多，很花时间，不推荐。

"考 ACCA 需要花很多钱、很多精力，如果不是出国的话，其整体作用并不大，要考还是要考 CPA。"

——Z 上海财经大学会计学院教授

（3）弱实用性

ACCA 的知识属于国际会计知识，除了证明英语和背诵能力较强，实用性不大。

"从我带的硕士生学生来说，还是以 CPA 为主，ACCA 的不多，CPA 在国内的实用性更高。"

——W 中央财经大学财务会计系教授

（4）窄就业面

ACCA 的就业主要是出国和外资企业，在其他类型的公司用得很少。

"考取 ACCA 也就是多一些就业的机会，比如说出国留学、出国就业或者到外资企业就业。"

——C 东南大学财会系首席教授

三、企业端

（一）企业对会计和 ACCA 的需求

1. 企业对"会计"岗位的招聘需求

通过各类网络报道显示，企业对"会计"岗位的需求量出现减少的趋势。职位搜索聚合平台职友集的数据显示，2016—2021 年，我国的"会计"岗位招聘量在 2018 年达到最高点，自 2019 年后一直处于下滑状态，如图 3-56 所示。此外，智联招聘的报告显示，2020 年 6 月，会计学专业占据就业困难的大学生的比例最高。会计专业的就业形势并不乐观，如图 3-57 所示。

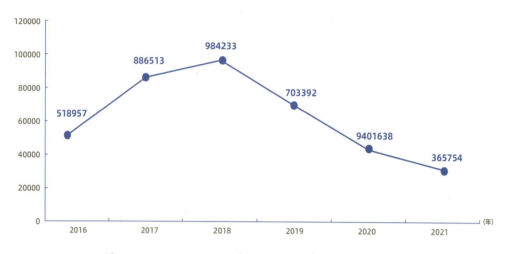

图3-56　2016—2021年"会计"岗位招聘量变化

数据来源：职友集，数据由各地招聘网站统计而来，仅检索职位名称。

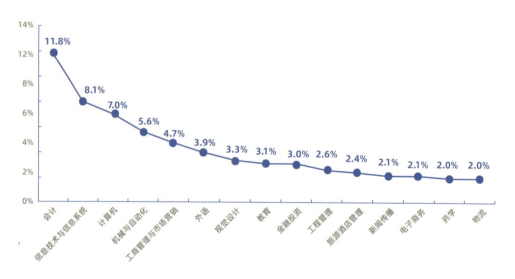

图3-57　2022年6月，仍在求职的部分专业的学生在就业困难大学生中的比例

数据来源：智联招聘《2022年就业困难大学生群体研究报告》。

2.企业对"ACCA"证书的招聘需求

为评估公司对 ACCA 证书的需求度，我们通过职友集平台，评估"ACCA"和"CPA"在 16 个一线及新一线城市中"会计"岗位中的提及率。我们发现，"ACCA"在 16 个一线及新一线城市"会计"岗位中的总体提及率非常低，均值为 2.35%。而"CPA"在"会计"岗中的平均提及率达到 8.14%，远高于 ACCA。ACCA 在深圳、上海、西安、杭州和北京 5 座城市"会计"岗位中的提及率较高，而在昆明、重庆、东莞 3 城"会计"岗位中的提及率不足 1%。可以看出，整体上 ACCA 在一线城市的认可度更高，见表 3-7。

表 3-7　关键词"ACCA""CPA"在会计相关岗位招聘信息中的出现情况

序号	城市	"会计 ACCA"岗位总数	"会计 CPA"岗位总数	"会计"岗位总数	"会计 ACCA"岗位数／"会计"岗位数	"会计 CPA"岗位数／"会计"岗位数
1	深圳	231	624	4605	5.02%	13.55%
2	上海	211	817	4974	4.24%	16.43%
3	西安	15	29	357	4.20%	8.12%
4	杭州	65	204	1595	4.08%	12.79%
5	北京	206	800	5340	3.86%	14.98%
6	苏州	19	58	561	3.39%	10.34%
7	南京	22	60	673	3.27%	8.92%
8	广州	68	270	2483	2.74%	10.87%
9	青岛	7	26	316	2.22%	8.23%
10	成都	19	70	914	2.08%	7.66%

续表

序号	城市	"会计ACCA"岗位总数	"会计CPA"岗位总数	"会计"岗位总数	"会计ACCA"岗位数／"会计"岗位数	"会计CPA"岗位数／"会计"岗位数
11	长沙	6	34	459	1.31%	7.41%
12	宁波	4	34	333	1.20%	10.21%
13	武汉	8	35	658	1.22%	5.32%
14	郑州	3	12	285	1.05%	4.21%
15	重庆	16	58	2212	0.72%	2.62%
16	东莞	18	57	5389	0.33%	1.06%
均值					2.35%	8.14%

数据来源：职友集平台，平台覆盖30家招聘平台的招聘信息，包括51job、拉勾、猎聘等平台，检索内容含标题和正文；查询时间为2022年5月11日，数据覆盖时间为一个月，也就是4月11日至5月11日。

3. 企业招聘人员访谈

通过ACCA在会计岗位中的提及率，我们发现，企业对ACCA的价值认可很低。而为了进一步论证和定性，我们尝试对相关企业招聘人员进行访谈。分析各大高校ACCA班招生简章中的信息，我们发现ACCA人才的主要就业去向之一就是各大会计师事务所，因此我们决定对国际四大会计师事务所的相关人力资源人员进行访谈，通过对67位四大会计师事务所相关人员的调研访谈，结果发现主要存在的问题是：四大会计师事务所作为标杆型企业，当前招聘过程中如何定义ACCA的价值；针对应届生或实习生招聘时，四大会计师事务所看重的关键因素。

（二）ACCA 证书价值看法

企业对 ACCA 证书的价值认可度不高；对比 CPA，ACCA 价值低，主要表现在以下两个方面。

1.ACCA 价值观点

在招聘财会审计（包括应届生、实习生）等专业性较强岗位时，ACCA 只是加分项，且整体加分不多。

2.ACCA 对比 CPA

相比 ACCA，受访者更看重 CPA；CPA 对于面试成功率、升职加薪、项目承做等均有很大帮助，整体价值明显高于 ACCA。

（三）专业岗位招聘看重点

在实际招聘过程中，对于社会招聘和校园招聘等，企业筛选候选人均看重相关工作经验，不过针对这两类招聘，企业也会有不同的评判。

1. 社会招聘

社会招聘综合评判候选人的相关项目经验、面试沟通情况等。

2. 校园招聘

校园招聘更看重学校背景、实习经验、沟通表达能力、英语能力等。

四、竞品端

（一）竞品市场概要

根据市场调研和行业问询，目前在 ACCA 行业中，规模较大的机构分别是 M 公司、A 公司和 K 公司等机构。从我们初步整理的 101 家开设 ACCA 方向班的高校来看，这些机构所分别合作的高校数量可以初步统计如图 3-58 所示。我们发现，M 公司、A 公司和 K 公司在校企合作创办 ACCA 班方面依次处于行业前三的位置，三强之间的数量差距并不大。为了规模化扩张，未来三家机构势必会有更多关于高校资源的争夺之战。另外，在 ACCA 校企合作外，对于 ACCA "散客"资源的抢夺，也会进一步加剧。

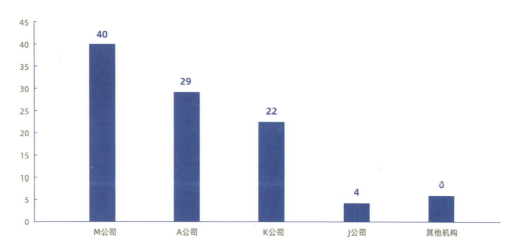

图3-58 各主要竞品合作的高校数量统计（基于初步统计到的101家高校）

（二）核心竞品——M 公司

M 公司概况见表3-8。

表 3-8 M 公司基本信息

公司名称	成都市 M 公司
成立时间	2007 年
公司简介	国内较大的高校成建制国际财经类项目培训提供商，核心业务是与高校共建国际化财经类特色专业。产品主要是 ACCA、CFA、CMA 等国际财经职业证书培训项目。另有创新创业教育大赛指导、产学研课题、1+X 证书、财务机器人实训中心、英国硕士预科、海外游学等产品

续表

核心业务模式	B2B 业务,即和高校合作设立 ACCA 实验班项目。项目实施在学校二级学院,目标客户为二级学院院长或分管学科建设的副院长等。项目周期是 2～3 年,项目最低金额是 n 万元
人员情况	100+ 人
营收	年营收约 n 亿元
业务发展	60 所合作院校(官网披露的数据截至 2020 年 11 月),实际数据在 40 家左右(我方初步统计)

数据来源:网络数据整理、电话访谈,合作高校数据仅供参考,和实际情况可能存在差异。

(三)K 公司

1.K 公司

K 公司概况见表 3-9。

表 3-9 K 公司基本信息

公司名称	广州市 K 公司
成立时间	2004 年
公司简介	专注于国际财经证书的培训,产品涵盖 ACCA、CMA、CFA、FRM、CIMA、CICPA 等国际财经金融证书培训、泛财经网络教育、企业内训、考研培训、财经垂直实训与招聘、语言培训以及国际留学等项目
核心业务	校企合办 ACCA 方向班项目。ACCA 业务占 85%
人员情况	约 1200 名市场人员,300～400 名老师

续表

营收	年营收约 n 亿元
高校合作	400+ 合作院校（官网披露的数据截至 2020 年 6 月），实际数据在 100 家左右（我方初步统计）

数据来源：网络数据整理、电话访谈，合作高校数据仅供参考，与实际情况可能存在差异。

2.K 公司教育

K 公司教育概况见表 3-10

表 3-10　K 公司基本信息

公司名称	上海市 K 公司教育培训有限公司
成立时间	2013 年
公司简介	综合型财经职业教育，主要从事财经证书培训、人才就业指导，培训内容覆盖 ACCA、CPA、CFA、FRM、会计职称、证券从业等
核心业务	和高校合作成立 ACCA 方向班，进行 B2B 培训，电销（B2C）培训
人员情况	300 人左右
营收	暂时未知
高校合作	近 100 所合作院校（官网披露的数据截至 2021 年 12 月），实际数据暂未统计

第八节 用户感知价值点探索调研

用户调研结果将分为四个部分呈现：

在第一、第二部分，简要梳理了用户学习 ACCA 的前期考虑基础，并在后续详细分析用户基于现有学习体验而产生的 ACCA 价值感知情况；基于前两部分的讨论，我们在第三部分提出了相应的建议与反思；第四部分则归纳假设了现有的活跃用户画像，如图 3-59 所示。

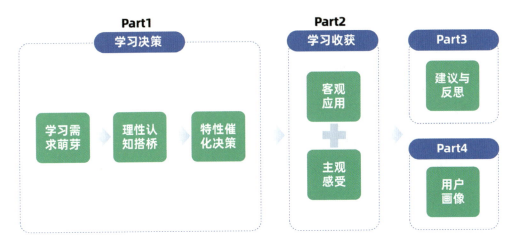

图3-59 ACCA用户感知价值点探索调研结果分为4部分

一、学习决策

（一）学习需求萌芽

通常，在读用户（包含大学生、研究生群体，下同）对学习 / 考证的认知中存在一定的基础假设：学习是一件好事；考证总归是有帮助的，"证"多不压身。

同时，受周围环境和同辈压力的影响，他们急于将自己装进"学习"的壳子里，缓解自身不处于学习状态的停滞感、焦虑感。

作为学生的"未来形态"，我们本次访谈也针对在职用户的情况做了简要分析，用以对比验证。相较于学生群体，在职人士的学习需求会更加理性，从切实的应用角度出发，如：所处岗位的工作需要、公司相关激励政策。

在这样的背景下，用户的学习需求自然萌发。

（二）理性认知搭桥

以上述学习需求作为基础，用户通过各种渠道主动或被动地了解到多种信息，对各类学习内容逐渐建立了基本认知。

信息渠道包括但不限于机构的销售、讲座、校园代理、网络资源，如知乎经验帖以及学校老师、周围同学、亲戚等。

通过上述渠道，用户与 ACCA 逐渐产生了交互，并被 ACCA 的优势吸引。

（1）含金量高，有利于未来职业发展。

（2）拓展学业 / 职业发展路径，为未来提供更多选择。

（3）保持英语能力，与留学 / 外企接轨。

无论是对未来想留学深造或是进入外企工作的在读用户，还是已处于行业内的在职用户，ACCA 都具有专业知识与语言提升的双重优势。

另外，还有学生是通过自身学习经验的加强，更深入地发现了自己在会计方向的兴趣与能力，反过来增强了 ACCA 的学习兴趣。

（三）特性催化决策

商科学生从不缺乏可考的证书——"会计专业什么证都能接触到"，含金量高、职业发展前景好等优势也并非 ACCA 专属。在存在多种可替代选项的情况下，为什么用户最终选择了 ACCA？

可以发现，ACCA 相较于其他财会 / 金融证书，有其独特的优势。

（1）财会领域优势。在财会领域，ACCA 存在天然的专业优势。相较于更偏金融方向的 CFA、FRM 来说，更适合对财会类专业有学习需求 / 兴趣的学生学习。

（2）时间优势，本科初期即可备考。

（3）阶段性考试反馈，提供可见、可用的学习证明。

（4）更高的容错率，恰当的考试难度。

对于在读用户相对薄弱的知识基础与在职用户相对紧张的学习时间而言，ACCA 都是一个更合适的选择。

二、学习收获

ACCA 的价值到底是什么？根据大学生用户的访谈结果，我们从客观和主观两个维度进行了分析，归纳如下。

（一）从客观应用层面进行分析

1. 财会知识深化

（1）搭建清晰的财会知识逻辑体系，且可迁移性强。

（2）中外对照理解，提升财会知识理解深度，"知其所以然"。

（3）补足应试教育短板 / 学校课程设置缺陷。

（4）实习经历加成。一是依托机构，提高获得高价值实习的可能性；二是阶段性通过证明，可丰富简历、提升面试通过率；三是提供基础知识支撑，令人快速上手，缩短入职阵痛期。

（5）实践活动应用。一是提供破题思路，提高比赛胜率；二是实操模拟，与课内学习互为动力。

2. 英语能力提升

英语能力提升，是每一个大学生用户必须重视的问题，贯穿学习的全过程。

（二）从主观感受层面进行分析

（1）拓展个人眼界，做"财会引路人"。在目前的大学生群体中，学校类型、地理位置均不占优势的学生仍为大多数。对这类学生来说，ACCA 就像一位"引路人"，带领他们打开专业 / 行业认知，培养出个人区别于其他同学的专业优势和眼界，从而能够对自己以及未来有更清晰、准确的定位和思考。

（2）充实课余时间。

（3）培养学习能力。

（4）锤炼学习耐性。

（5）提升专业自信。

（6）扩大社交圈子。

对于本职用户来说，工作后学习 ACCA 同样能够帮助他们优化本职工作能力，如提升财务工作能力、拓展思考维度、提升转行 / 转岗竞争力等。

同时，跟大学生群体一样，ACCA 还帮助用户提高了英语能力，也带来了一定的主观收获，如锻炼了用户自身的学习耐性等。

但不可否认的是，ACCA 的特性同时决定了在其价值背后，必然存在一定的局限性。

首先是客观层面的局限性，表现如下。

（1）财会知识深化。中外会计准则应用范围不同，但研究生考试内容差异大，帮助不大。

（2）实习经历加成。不是全部岗位都重视。会计并非商科学生唯一的发展方向，无论是为了拓展职业选择空间，抑或是基于自身的学习兴趣，许多学生都希望在就业/升学选择上有更多的可能性。而一旦跳出会计领域，ACCA 对他们的帮助程度则迅速降低，即应用性较差。

（3）实践活动应用。不确定商赛的含金量。商赛仍有范围限制，并不是所有商赛类型都可以应用 ACCA 所学知识。

其次，在主观感受层面，ACCA 带来的价值仍缺少足够的不可替代性。事实上，其他证书/课程的学习同样可以带来类似的感受。

三、建议与反思

（一）ACCA 价值再定义

ACCA 不是一把金钥匙——对用户来说，并不是拿到 ACCA 的证书，就相当于"确保"了某种就业或升学可能性。比如，在中国的大环境下，相同情况下 CPA 的认可度大概率是高于 ACCA 的。只有在部分企业招聘或者留学申请的场景下，ACCA 的市场认可度及其价值才能得到凸显。

但是，通过访谈我们可以发现，大部分用户在备考 ACCA 的过程中收获良多。一方面，他们的自身能力得到了切实提升，这种提升不仅仅是在客观层面，主观层面也有非常明显的改善；另一方面，ACCA 的知识也在很多场景下得到了应用，为用户打开了更多的机会窗口。

综上，我们认为，ACCA 的课程价值，带给大学生群体用户的核心价值更多的是——"陪伴成长、亦师亦友"。

也许，ACCA 证书并不是你打开所有大门的钥匙，但是这一段努力与奋斗的经历内化在你心中，一定会帮助你成为更好的自己。

（二）软着陆——提升用户心目中的价值感知

访谈发现，学生对于 ACCA 价值认知往往都经历了从模糊到具体的过程。

从一开始，他们学习 ACCA 的动力更多来自对未来的期待 + 未知感，对 ACCA 的价值认知也比较抽象，飘在空中；而随着学习和体验的深入，用户从短期 / 当下的学习和应用中得到转变，认知也就逐渐落地、切合实际。

因此，销售阶段用 ACCA 的刚性价值（如就业、留学等）作为卖点宣传，一定要注意在后期用户认知逐渐落地的过程中，有足够多的缓冲措施加以维护，如图 3-60 所示。

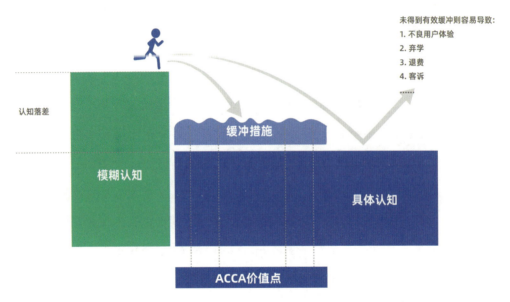

图 3-60　用户认知落地需采取缓冲措施

什么叫缓冲措施？我们认为核心仍然在于提升 ACCA 价值感知。具体来说：

客观层面在 ACCA 学习过程中，更加贴近用户需求、切实创造价值。如提供 / 完善职业发展规划、求职指导、实习内推、留学背景优化等产品与服务。

我们的产品目前虽然有类似的服务卖点，但仍有很大的优化空间。访谈中发现，部分用户对于 A 公司的内推机会不了解；部分用户认为目前 A 公司举办的商赛含金量仍有待提高等。这部分内容，可以后期通过对用户体验的监测调研，进行系统性优化探索。

另外，增加 ACCA 对口发展方向的宣传活动（如四大、英国留学等），适当激发学生对这些方向的兴趣，以需求催动学习动力。

主观层面提升用户学习过程中的成就感，不断完善学习中的奖励机制。

除了客观价值的传递之外，主观感受上深化的空间会更广泛，且不易受到时间限制，可以让用户自觉地认可，甚至是爱上 ACCA 的学习过程。

例如，在访谈中我们发现，用户对 ACCA 的价值体验存在一条"波动曲线"，如图 3-61 所示。

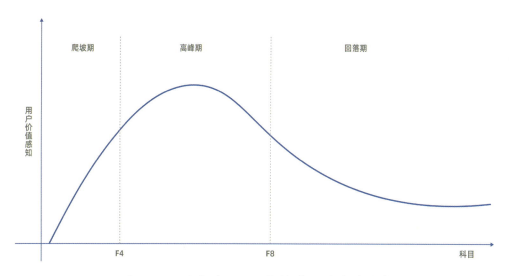

图3-61　用户对ACCA价值感知的波动曲线

在 F4 以前学习体验一般，更偏向单纯的理论知识学习，基础感更强。

F4 之后的学习中，学生能够将理论知识与实习、实践进行更好的融合，获得更多正反馈，使他们在该阶段出现"价值体验波峰"。

在这之后由于学业 / 职业规划的变化，ACCA 的价值曲线开始呈现下滑趋势。

因此，我们建议在"价值体验曲线"中植入更丰富的学习反馈，将单峰转变为多峰，使学生在更多学习节点上得到学习动力补充。

爬坡期：学习初期由于尚未养成良好的学习习惯、考试反馈不佳等原因，学生容易产生放弃念头。

在该阶段我们建议：

（1）适当增添测试、模考等学习反馈。一方面使学生在测试中明晰自身学习情况、及时调整备考策略及心态，另一方面也可为后期用户分层做好铺垫。

（2）利用学习基础、学习进度等学员信息划分"同目标学习人群"。通过构建班群等形式的学习社区，营造积极互促的学习氛围，并通过打卡等激励活动培养学生的学习惯性。

（3）链接学生与未来学业 / 职业的窗口，通过各类活动、讲座帮助拓展学生对未来发展方向的认知，开阔眼界，也增强学生对于 ACCA 的需求感。

高峰期：在该阶段学生的成就感更多源于参加实习、实践之后，将单纯的理论学习与实际应用建立了联系。我们建议机构在客观应用层面优化 / 拓展该类产品与服务。同时附加各类资源，帮助学生结识优秀的同龄人 / 学长学姐、业内从业人员等，为学生实现职业发展目标提供多维度支持。

对于尚未参与实习、实践的学生来说，虽然缺少 ACCA 与职业的联系，但机构仍可以丰富其在学习中的"可用感"，增加 ACCA 与学业的联系。如添加行业典型案例分析、建立学习互助小组，在模拟场景、互助学习中提升学生对知识的理解与思考，增强专业自信。

回落期：在该阶段，许多学生会产生"都学到这了，肯定要出坑的，放弃了不划算"的想法，也有学生认为"（想放弃的时候是）觉得 ACCA 没什么用，但过了那个点就觉得学习已经是一种习惯了，还是继续学吧"。但此时，学生对 ACCA 的价值感知已大幅降低。因此我们建议通过适时的学管督学、班群沟通等，维持学生的学习惯性，这样才有机会继续提升学生的价值感知；根据学生职业发展规划的调整，提供相应的学习资料及其他资源。

在过去针对大学生求职需求的调研中，我们发现，在读用户在求职阶段遇到问题时产生求助需求，对求助对象的选择仍是有很强烈的偏好。访谈中几乎所有应届生都把有经验的资深从业者放在希望求助的角色首位。

就算是最后决定继续升学的大学生群体，仍有非常可观的比例会产生犹豫感，不确定自己的方向选择是否正确。例如，在过去考研业务访谈中 [参见：考研用户决策链路调研报告 (定性阶段)]，很多选择考研的学生的反应类似于："其实当时也很犹豫到底要出国还是考研，我老板（该同学作为普华永道校园大使，指代某普华员工）帮我分析了出国、考研的利弊，我觉得考研能帮我去到更大的平台，获得更大的视野"。

可以看出，"过来人"的建议对大学生来说是非常宝贵的。作为学生，本身能够接触到目标工作在职人群的机会就非常少。我们的教师队伍中，有很多教师有着十分光鲜的过往名企从业经历，或可考虑为达到某一阶段的 ACCA 在读学生以一对一专家咨询的机会（以财会领域为主，也可以做范围扩展。活动类型可做变通 ）。

这样，一方面能切实帮助到大学生，真正做到成就学员，传达 A 公司人的使命。而且，这种与"大佬"的联结感，可以提升学生的心理感受，成为激励他们继续前行的动力；另一方面，也可以作为一个极好的劝学的窗口，重新燃起学生坚持走完最后一段的决心。同时，仍可延续高峰期的方法，持续建立并维护 ACCA 与学生学业的联系。

四、用户画像

根据当前的访谈结果，我们针对现有活跃用户的画像提出了如下假设。

下一阶段，可以通过定量数据验证，使用户画像更丰满、准确。

（一）学校类型：一般性院校学生需求更为突出

名校出身的用户能以自身的学历背景说话。如以下这位复旦大学在读硕士用户所说："金融行业都非常看重学历背景，本科和硕士比证书更关键。而且读研以后加了很多群，也有很多同学发布了实习招聘，就不太需要依靠机构的一些机会。"

而对于一般性院校的用户来说，首先，ACCA 能够帮助他们拓展眼界，了解到超越自身条件限制的行业发展信息及需求，从而更加明晰未来发展目标及实现手段；其次，能够提供比学校课程更为深度、体系化的知识内容，补全知识短板；最后，ACCA 也能助力用户能力的提升，是用户学习能力的具体体现。

因此该类用户能从学习 ACCA 中获得更丰富的价值体验，进而使他们拥有比其他类型用户更充沛的学习动力。

（二）目标／所处行业或岗位：较为聚焦，多为四大或其他行业财务岗

受应用范围限制，目前对 ACCA 重视程度较高的工作多为会计师事务所或是其他行业（尤其是外企）财务岗。因此，当用户身处其中，或是目标相对明确地指向该类工作时，其学习积极性及收获感也会相应较高（故，在交

付过程中，我们应该更加注意在这些"对口"方向上进行深入介绍、引导）。

（三）学习 / 备考体验：相对顺畅，挫折感适度

通过访谈我们发现，具有较高学习动力和学习收获的用户通过的考试科目也较多，重考次数少；适度的挫折感也能激发他们的挑战欲，同时是 ACCA 学习价值的侧面证明。

另外，高校中 ACCA 方向班也是一个很好的切入点。

ACCA 方向班的学生，因为学校学习内容本身与 ACCA 高度重合，所以报名机构课程对他们来说是与学校老师授课相互补充深入的过程，类似于"补习班"。

自然，他们也是我们的高潜用户群体，需要重点对待。未来，可针对此方向进行专题性深入研究。

五、项目后续跟进

调研结果共享：上述研究结果在 ACCA 部门内部进行了分享，调研结果受到业务方认可与讨论，将依据调研结果继续推进产品调整与改进。

第四章　市场研究部分

第一节　受访老师及所在高校情况统计表

受访老师及所在高校情况见表4-1。

表4-1　受访老师及所在高校情况统计表

编号	称呼	所在学校	所在院系	受访人身份	级别	所在省市	区域
1	郭×	华中科技大学	会计系	教授	985	湖北武汉	
2	刘×	中南民族大学	会计系	讲师	二本	湖北武汉	华中
3	敬×	中南林业科技大学	ACCA中心	讲师	二本	湖南长沙	
4	陈×	铜陵学院	ACCA中心	辅导员老师	二本	安徽铜陵	
5	孙×	上海商学院	ACCA中心	辅导员老师	二本	上海	
6	刘×	安徽师范大学	经济管理学院	副教授	二本	安徽芜湖	华东
7	褚×	上海财经大学	会计学院	教授	211	上海	
8	陈×	东南大学	财会系	首席教授	985	江苏南京	
9	陈×	北京理工大学	会计系	教授	985	北京	
10	王×	中央财经大学	财务会计系	教授	211	北京	华北
11	江×	中国人民大学	会计系	教授	985	北京	
12	郑×	西华大学	管理学院	副教授	二本	四川成都	西南
13	向×	广州技术师范大学	财金学院	教授	二本	广东广州	华南

第二节   市场研究的高校列表

通过网络检索，我们初步整理了 101 家 2021 年仍在开设 ACCA 方向班并对外招生的高校，并按照 ACCA 办学起始时间顺序排列见表 4-2。

表 4-2   开设 ACCA 方向班的高校列表

编号	大学	合作机构	ACCA 办学年份	2021 招生量	2020 招生量	2019 招生量
1	东北电力大学	X 公司	2021	30		
2	广东商学院	X 公司	2021			
3	吉林农业大学	X 公司	2021	25		
4	井冈山大学	X 公司	2021	20		
5	闽南师范大学	X 公司	2021		70	
6	南京工业大学	X 公司	2021	40		
7	大连财经学院	X 公司	2020	40	50	
8	大连交通大学	X 公司	2020		35	
9	广东理工学院	X 公司	2020		40	
10	华北理工大学	X 公司	2020	45	45	
11	齐鲁工业大学	X 公司	2020			
12	西北工业大学	X 公司	2020	30		
13	郑州西亚斯学院	X 公司	2020	35	30	
14	东北石油大学	X 公司	2019	60	40	40
15	岭南师范学院	X 公司	2019	35	30	50
16	山东建筑大学	X 公司	2019	40	40	40
17	山东科技大学济南校区	X 公司	2019	40	40	45

编号	大学	合作机构	ACCA 办学年份	2021 招生量	2020 招生量	2019 招生量
18	太原理工大学	X 公司	2019	60		
19	无锡商业职业技术学院	X 公司	2019	30	30	30
20	西安工程大学	X 公司	2019	40	40	40
21	西安理工大学	X 公司	2019		40	30
22	西安邮电大学	X 公司	2019			
23	西京学院	X 公司	2019			
24	西南石油大学	X 公司	2019	30	30	50
25	湘潭大学	X 公司	2019	60	60	60
26	湛江科技学院	X 公司	2019	20	20	40
27	浙江海洋大学	X 公司	2019	30		
28	中国石油大学（华东）	X 公司	2019	30	30	30
29	成都师范学院	X 公司	2018			
30	河南理工大学	X 公司	2018			30
31	金陵科技学院	X 公司	2018	30	20	
32	九江学院	X 公司	2018	42	15	90
33	宁波工程学院	X 公司	2018	30	30	30
34	沈阳农业大学	X 公司	2018	35	35	35
35	西北农林科技大学	X 公司	2018	45	60	
36	西华师范大学	X 公司	2018	35		30
37	长春大学	X 公司	2018	40	35	
38	重庆交通大学	X 公司	2018	35	35	40

续表

编号	大学	合作机构	ACCA 办学年份	2021 招生量	2020 招生量	2019 招生量
39	湖南文理学院	X 公司	2018	30	40	40
40	安徽财经大学	X 公司	2017	50	50	50
41	广东金融学院	X 公司	2017	110	110	110
42	广东石油化工学院	X 公司	2017	40	40	50
43	哈尔滨商业大学	X 公司	2017	80	30	80
44	华南师范大学	X 公司	2017	50	40	
45	内蒙古大学	X 公司	2017	30		
46	青岛科技大学	X 公司	2017	50	65	65
47	四川轻化工大学	X 公司	2017	40	45	60
48	西安电子科技大学	X 公司	2017	20		
49	延安大学	X 公司	2017	30		
50	浙江农林大学	X 公司	2017	30	25	40
51	中山大学新华学院	X 公司	2017	40	40	40
52	安徽工业大学	X 公司	2016	60	60	50
53	湖南工学院	X 公司	2016	60	60	60
54	江汉大学	X 公司	2016	25	25	25
55	南京理工大学	X 公司	2016	60	38	
56	陕西理工大学	X 公司	2016	60	40	
57	上海师范大学	X 公司	2016	30	12	40
58	西安财经大学	X 公司	2016	80	40	40
59	浙江师范大学行知学院	X 公司	2016	40	40	40

续表

编号	大学	合作机构	ACCA办学年份	2021招生量	2020招生量	2019招生量
60	中北大学	X公司	2016	60		
61	铜陵学院	X公司	2016	35	50	50
62	安徽师范大学	X公司	2015	50	40	
63	兰州财经大学	X公司	2015	100	100	70
64	乐山师范学院	X公司	2015	30		30
65	绍兴文理学院	X公司	2015	40	40	40
66	深圳大学	X公司	2015	60	65	65
67	长沙理工大学	X公司	2015	80	80	80
68	中南林业科技大学	X公司	2015	90	70	70
69	北京理工大学珠海学院	X公司	2014			40
70	海南大学	X公司	2014	50	50	
71	四川农业大学	X公司	2014	40	40	60
72	武汉工程大学	X公司	2014	65	85	60
73	烟台大学	X公司	2014	30	30	50
74	云南大学	X公司	2014	45	50	45
75	大连民族大学	X公司	2013	40	60	40
76	杭州电子科技大学	X公司	2013		50	
77	湖南农业大学	X公司	2013	120	120	110
78	湖南师范大学	X公司	2013	45	60	30
79	内蒙古财经大学	X公司	2013	50		
80	山东工商学院	X公司	2013	50	50	50

续表

编号	大学	合作机构	ACCA 办学年份	2021 招生量	2020 招生量	2019 招生量
81	上海商学院	X 公司	2013			
82	宜宾学院	X 公司	2013	80		
83	兰州大学	X 公司	2013	50	50	50
84	湖北经济学院	X 公司	2012	65	65	65
85	上海大学	X 公司	2012			
86	武汉纺织大学	X 公司	2012	70	70	10
87	中国海洋大学	X 公司	2012	50	50	50
88	广东外语外贸大学	X 公司	2011	80	80	80
89	西南科技大学	X 公司	2011	60	60	60
90	浙江工商大学	X 公司	2011	80		
91	重庆大学	X 公司	2011	30		
92	湖南工商大学	X 公司	2011	120	120	120
93	湖南财政经济学院	X 公司	2011		106	106
94	成都信息工程大学	X 公司	2010	80	80	80
95	广东财经大学	X 公司	2010	160		
96	河南财经政法大学	X 公司	2010		40	
97	西南财经大学 天府学院	X 公司	2010			
98	华南理工大学	X 公司	2008	30		
99	四川师范大学	X 公司	2008	80	80	80
100	华南农业大学	X 公司	2005	60		40
101	中南财经政法大学	X 公司	2005	50	100	50

第五章　用户研究部分

第一节　样本概况

一、在读用户

在读用户的基本信息见表5-1。

表 5-1　在读用户基本信息表

用户编号	性别	年级	在读院校类型	在读专业	所在城市	毕业去向	职业规划
P1	男	大二	普一本	会计	江苏南京	国内考研	会计师事务所
P2	女	研一	985	保险	上海	求职就业	券商
P3	女	大四	211	会计	江苏无锡	国内考研	会计师事务所
P4	女	大三	普一本	ACCA方向班	四川成都	出国留学	暂未确定
P5	女	大三	普一本	经济与贸易	上海	求职就业	咨询或快消行业
P6	男	大三	普二本	会计	江西景德镇	国内考研	会计师事务所

二、在职用户

在职用户的基本信息见表 5-2。

表 5-2　在职用户基本信息表

用户编号	性别	目前从事的工作	工作年限	就读专业	所在城市	职业规划
P1	女	商业 / 医疗综合体物业管理——高级行政助理（外企）	5 年	资源管理和城乡规划设计	四川成都	转岗至资管类岗位
P2	女	制造公司——财务	16 年	财务管理	湖南株洲	目前岗位

三、访谈中发现的其他问题

其他问题主要集中于销售端口对产品的认知与介绍出现偏差上。

（一）产品类型多样，但销售路径混乱

现有产品种类丰富，但销售端没有成功地链接用户需求与机构产品，致使用户需求落空。

"当时销售只推荐了这个产品，我都不知道还有 4 万多的 ×× 计划，现在有点后悔没有买这个课。"

（二）产品价值认知错位，预期管理失效

"销售和我介绍说考完前 9 科，就相当于有了高级会计证书，我还以为之后就可以不用考高级会计了，现在才发现不是这样。"

第二节 公考行业分析

一、项目背景

在深度洞察用户产品需求与体验的同时，也不能忽视宏观市场/行业变动给企业带来的影响。

对于企业来说，进行市场/行业分析将有利于企业的长远发展。

（一）从宏观角度，洞察竞争态势，发现市场机会

企业若想探索或深度了解某一尚未踏足的行业领域，首先需要了解该领域的行业背景、发展前景、市场需求等，以此探知该领域的入局价值；除此以外，还需了解该领域内是否存在强势的竞争对手、对手正以何种形态展开工作、市场份额如何。同时，行业发展往往深受国家政策影响，及时准确地把握国家政策动向，依托政策调整业务形态、紧跟国家人才需求发展目标，也是企业长远发展的必要条件。

而这些，都需要企业通过细致的市场/行业分析与洞察才能得以实现，从而做出客观、有依据的战略决策。

（二）获取外部信息和基准，加深对自我业务的判断

闭门造车从来不是企业发展的良方。无论是在业务发展初期，或是相对成熟、稳定的阶段，企业都需要及时动态跟进市场发展与竞争对手的现状。对于外部信息的洞察与把握，同样有利于企业加深对自身产品定位、形态与用户的了解和判断，更好地布局、迭代产品。

通常，在进行市场/行业分析时，将针对以下方面进行横向扫描：行业背景分析、市场规模分析、竞争关系分析、业务/财务现状分析、其他情况（如

政府监管和政策）。

在本次行业分析中，将以公考市场为例，以 Z 公司为主要分析对象，全面剖析该公司发展历程、战略风格、业务现状及竞争优势等，并结合主要竞对分析，深度洞察该行业领域的发展现状及未来发展趋势。

二、项目成果

此次针对公考的行业分析，将从以下三部分展开，如图 5-1 所示。

图5-1　公考行业分析的三部分

第三节　职业教育行业分析

一、职教行业总览

（一）职教行业定义与分类

职业教育以就业为核心，指对受教育者实施可从事某种职业或生产劳动所必需的职业知识、技能和职业道德的教育。

我国的职业教育覆盖了从中等教育阶段开始到就业阶段的整个过程，如图5-2所示。

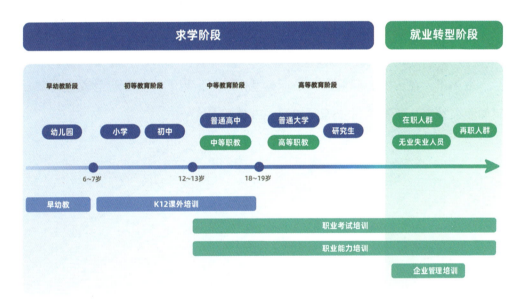

图5-2　职业教育覆盖求学阶段及就业转型阶段

按照"是否颁发毕业证书、结业证书、肄业证书等国家承认的学历证书"的标准，中国职教行业又可以分为学历职业教育和非学历职业教育。

学历职业教育会在完成教育后授予学生学历证书，包括高等职业学校、中等职业学校以及技术学校，教育形态为全日制的学校。学历职业教育的经费主要依赖政府的教育经费，学校土地多为政府划拨，具有较强的体制内特点，教育政策监管严格。除了少部分民办职业学校有市场化能力，大部分学历教育学校的市场化程度较弱。

非学历职业教育提供就业所需的知识和技能培训，并不授予学位或学历证书。非学历教育的培训机构运营较为市场化，运营以轻资产模式为主。

非学历职业教育主要分为三类：职业考试培训、职业能力培训和企业管理培训。职业考试培训又分为招录考试培训和资格认证考试培训。其中，招录类与就业关联度最为直接，通过考试（通常为笔试＋面试）即可获得工作，以公职类工作为代表，譬如公务员、教师（公办）、医生（公立）、国企、事业单位、军队等。

近年来，在传统的职业能力培训类型中，又出现了一些新职业教育类型，例如职前教育、泛知识付费等，如图5-3所示。

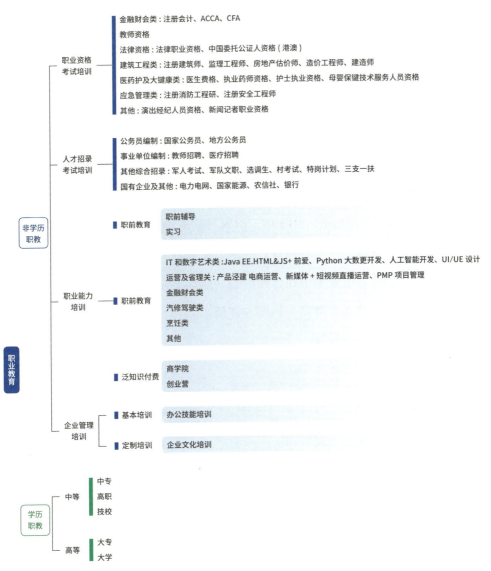

图5-3　职业能力培训类型

（二）职教行业发展阶段

新中国成立以来，职业教育随着国家的发展而不断完善，大致经历了以下三个发展阶段。

第一阶段：从1949年新中国成立到1991年，是我国职业教育的奠基式发展阶段。

第二阶段：从1992年我国确定了建立社会主义市场经济体制的改革目标后到2013年，是我国职业教育规模化发展阶段。

第三阶段：从2014年国务院印发《关于加快发展现代职业教育的决定》至今，我国职业教育进入了内涵式发展阶段，从注重规模转变为注重质量。例如，曾经我国职业资格种类繁多，交叉重复现象严重，部分职业资格含金量较低，证书没有实际效用。2016年，国家再次取消一批职业资格认可和认定事项，在持续降低就业门槛的同时，规范了证书培训的市场秩序。目前市场上培训需求较为活跃的主要集中在金融财经、建筑工程、应急管理、医药护及大健康、司法、教师等几个类别，如图5-4所示。

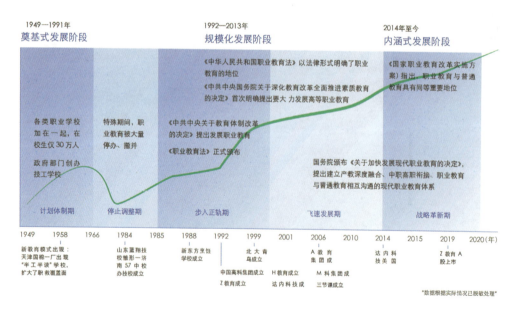

图5-4 职业教育发展的三个阶段

根据教育部 2020 年 6 月的最新统计数据，截至 2020 年，我国的职业院校超过 1.2 万所，在校生 3749 万人。中职和高职在校生规模占高中阶段教育和高等教育学生总数的 42%。中职、高职已分别占我国高中阶段教育和普通高等教育的"半壁江山"。

中职和高职之外，职业培训也为我国培养了大量技能人才。尤其是 1999 年提出的"学历证书与职业资格证书并重"（即"双证并重"）政策，大大促进了职业培训的快速发展。

2021 年全国各级各类学历教育的学生情况见表 5-3。

表 5-3　2021 年全国各级各类学历教育学生情况

单位：人
unit:person

	毕业生数 Graduates	招生数 Entrants	在校生数 Enrolment
一、高等教育 Higher Education			
1. 研究生 Postgraduates	772761	1176526	3332373
博 士 Doctor´s Degree	72019	125823	509453
硕 士 Master´s Degree	700742	1050703	2822920
2. 普通本科 Undergraduates	4280970	4445969	18931044
3. 职业本专科 Vocational Undergraduate	3984094	5567182	16030263
本科 Normal Courses	0	41381	129297
专科 Short-cycle Courses	3984094	5525801	15900966
4. 成人本专科 Undergraduate in Adult HEIs	2779485	3785288	8326521
本科 Normal Courses	1420887	2042982	4591098
专科 Short-cycle Courses	1358598	1742306	3735423

单位：人
unit:person

	毕业生数 Graduates	招生数 Entrants	在校生数 Enrolment
5. 网络本专科生 Web-based Undergraduates	2590593	2839192	8739006
本科 Normal Courses	898773	1186772	3328548
专科 Short-cycle Courses	1691820	1652420	5410458
二、高中阶段教育 High school level education	11957266	14552751	39764220
1. 普通高中 Regular Senior Secondary Schools	7802267	9049538	26050291
完全中学 Combined Secondary Schools	2397452	2749108	7965364
高级中学 Regular High Schools	4998715	5689530	16464641
十二年一贯制学校 12-Year Schools	382330	578148	1532731
附设普通高中班 Subsidiary Regular Senior Secondary School Class	23770	32752	87555
2. 中等职业教育 Secondary Vocational Education	3753709	4889890	13118146
中等职业学校 Secondary vocational Education	3407194	4543445	12111730
附设中职班 Subsidiary Secondary vocational Class	346515	346445	1006416
三、义务教育阶段教育 Compulsory Education	33051790	34880187	157983722
1. 初中阶段 Junior Secondary Education	15871485	17054376	50184373
初级中学 Regular Junior Secondary Schools	10807177	11277586	33434886
九年一贯制学校 9-Year Schools	2624001	3100495	8869279
十二年一贯制学校 12-Year Schools	499971	578829	1695322
完全中学 Combined Secondary Schools	1895733	2062584	6071342

续 表

单位：人
unit:person

	毕业生数 Graduates	招生数 Entrants	在校生数 Enrolment
职业初中 Vocational Junior Secondary Schools	770	238	724
附设普通初中班 Junior Sec. Classes Attached	43767	34625	112724
附设职业初中班 Vocational Junior Sec.Classes Attached	66	19	96
2. 小学阶段 Primary Schools	17180305	17825811	107799349
小学 Primary Schools	14377087	14743480	89820477
九年一贯制学校 9-Year Schools	2119817	2147139	13028261
十二年一贯制学校 12-Year Schools	281751	273160	1712099
小学教学点（不计校数）External Teaching Sites	311632	642486	3034528
附设小学班 Subsidiary Primary School Class	90018	19546	203984
四、特殊教育 Special Education Schools	145899	149062	919767
特殊教育学校 Special Education Schools	47799	48509	330375
五、学前教育 Pre-school Education Institutions	17147905	15262381	48052063
幼儿园 Kindergartens	15617234	14176978	45391336
附设幼儿班 Subsidiary Toddler Class	1530671	1085403	2660727
六、专门学校 Specialized Schools	4244	5746	7160
七、成人中小学 Adult Primary and Secondary Schools	5133	7274	11611

数据来源：教育部官网。

本次报告主要聚焦于 Z 公司所在的非学历职教行业领域，以面向用户的职业考试、职业能力培训业务范围为主。后文中如无特殊说明，职业教育均指代非学历职业教育。

二、职教行业特点

（一）市场规模大

整体上，职教市场的行业规模的测算逻辑可以用以下公式来概括，如图 5-5 所示。

图5-5　职业教育行业规模测算公式

在教育行业的多个赛道中，只有职教市场能够与已产生多个千亿市值企业的 K12 市场相媲美。根据德勤的报告，2020 年，我国整体职业教育（包含学历与非学历职教）市场规模将达到 1.24 万亿元，占总教育规模的 40%，而线上职业教育的市场规模将达到 4980 亿元，成为仅次于 K12 教育的第二大教育市场。

弗若斯特沙利文认为，2020 年中国非学历职教市场规模可达到 3653 亿元，自 2017 年之后的复合增长率为 6.3%，如图 5-6 所示。

图5-6　我国非学历职业教育市场规模（单位：亿元）

来源：弗若斯特沙利文。

　　根据前瞻产业研究院的估计，2020年，我国非学历职教市场规模已突破4100亿元，2015—2020年市场规模增长幅度达105%，预计2023年市场规模将超过5800亿元。

　　职教的主要受众涵盖了在职人员、高校毕业生、无业失业人员等所有对职业能力建设与延伸有需求的人群，核心人群年龄大致为15～45岁。

　　根据麦肯锡2021年的报告（《中国的技能转型：推动全球规模最大的劳动者队伍成为终身学习者》），全球可能有多达1/3的职业和技能变更将发生在中国。到2030年，多达2.2亿中国劳动者（占劳动力队伍的30%）可能因自动化技术的影响而变更职业。根据麦肯锡全球研究院的未来工作模型，中国职业变更的份额大约占到全球的36%。在中等自动化情景下，到2030年，约有5160亿工时（平均到每名劳动者约为87天）或将因技能需求变化而需要重新部署。

麦肯锡对中国终身教育市场提出了一个宏大的构想，简称三个"所有"。

"所有人"，学习者不应只限于学龄人群，应把中国的成年劳动者纳入其中，相当于学习者范围扩大三倍，这个群体的规模是 7.8 亿人。

"所有内容"，麦肯锡认为，终身教育应该广泛覆盖各种技能，比如批判性思维、人际沟通、数据分析等。学习方式也要从传统书本内容，扩大到案例分析、实践项目，等等。到 2030 年，对高认知技能、社会和情感沟通技能、技术技能的总需求将新增 2360 亿工时，平均到每个劳动者约为 40 天。

"所有地方"，即人们应该能随时随地接受教育。地域的不平等应该被打破，无论你是在城市还是农村，在一线城市还是四线城市，都应该有接受终身教育的机会。

根据麦肯锡的构想，职教行业的市场规模会超过 K12，成为中国最大的教育市场，如图 5-7 所示。

图5-7　职教行业的市场规模

来源：麦肯锡报告（《中国的技能转型：推动全球规模最大的劳动者队伍成为终身学习者》）。

要注意的是，虽然职教市场空间巨大，但并非所有的细分市场都具备同等的投资价值，对于细分市场的判断还应结合职教需求产生的根源、政策改革的导向以及竞争业态的格局综合判断，后面我们会继续深入分析。

（二）行业集中度低

非学历职教市场地方性中小培训机构数量众多，巨头相对较少。

全国大部分职业教育服务提供商均为地方性参与者。按照弗若斯特沙利文的测算，按照营业收入计，2019 年 CR5 约为 6%，其中，Z 公司以约 2.7% 的市场份额位居首位，X 教育以约 1.2% 的市场份额位居第二，如图 5-8 所示。

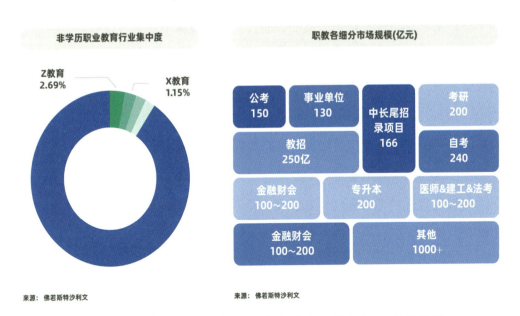

图5-8　非学历职业教育行业集中度及职教各细分市场规模

造成行业集中度低的原因主要有：

总体进入壁垒不高。通常以轻资产模式为主，而且政策上对于职教企业的监管要求相对较宽松。例如，国家明确规定，在 K12 教培领域内从事语文、数学、英语及物理、化学、生物等学科知识培训的教师，必须具有相应的教师资格。

缺乏规模经济。职教领域的细分赛道数量较多，存在大量非标需求。需要大量投入来解决产品、服务流程及供应链的标准化的问题，否则无法具备规模化增长的基础。例如，事业编招录考试培训领域，每个地区、每个机构、每个岗位的要求都会有所差别。

某些维度存在规模不能形成经济效应。跟标准化程度高、更新速度较慢的 K12 领域不同，职教行业教研和产品的更新迭代与本地化、定制化的现实压力更大。例如，驾培行业，驾校能够服务的学员和范围相对固定，拓展驾校规模并不能带来收入与成本比例的质变。而且，随着整体上教育行业中服务的权重逐渐提高，一旦企业的规模达到临界状态，个人服务的质量和客户对个性化的响应服务的看法往往会随着公司规模的上升而下降。这一点广泛存在于教育行业中，例如，K12 的小班课，产品本身针对对教育质量和结果要求更高的用户群体，但局限于单个老师的产能，难以实现规模化扩展。

企业营销与传播成本更高，更难以建立规模优势。对于大多数学员来说，职教培训的目标性非常强（例如招录类培训），在完成课程后就基本不会再考虑续费。整体上用户的培训周期短、转化率较低。

（三）更具适应性、多元化和市场性

职业教育具有的适应性、多元化和市场性，如图 5-9 所示。

信息来源于网络

图5-9　职业教育具有适应性、多元化和市场性

（四）用户特征及需求差异

表 5-4　用户特征及需求差异

需求		K12 群体	职业探索期群体	职业稳定期群体
师资水平	自学能力	弱	较强	强
	可塑性	强	较弱	弱
	决策者与体验者	不一致	一致	一致
	对教学水平的判断能力	体验者弱，需求者强	一般	强
	教学效果衡量	强（可通过日常学生成绩变化衡量）	一般（仅可通过最后考试/招录结果衡量）	弱
	对师资需求优先级	高	中	中

续表

需求		K12 群体	职业探索期群体	职业稳定期群体
配套服务	日常学习氛围	强	较弱	弱
	内外驱动力	内: 弱, 外: 强 整体: 较强	内与外: 一般 整体: 一般	内: 强, 外: 弱 整体: 较强
	对配套服务 需求优先级	中	高	中
课程设计	培训需求	统一	较统一	多样化
	学习时间	时间充足且规律	时间充足	碎片时间、不规律
	对课程设计 需求优先级	中	低	高

　　将职教行业的用户与 K12 用户作比较,从上表 5-4 可以看出 K12 行业的用户群体虽然自学能力弱,但家长能起督促作用,整体上的学习驱动力较高。而且教学效果便于通过成绩变化衡量,所以 K12 教育培训市场的最大需求痛点在于师资 / 教学水平,更看重学习本身。

　　对于职教领域中的职业探索期群体,因大学校园相比初高中团体学习氛围较弱、内外驱动力相对一般,需求痛点在于配套服务、辅助坚持学习,更看重如何"学下去"。

　　对于职业稳定期群体,因生存压力带来内在驱动力,且学习时间相对有限且培训需求更加差异化。因此,他们的需求痛点在于灵活细分的课程设计,更看重"怎么学"。

三、职教行业外部环境 PEST 分析

职教行业外部环境 PEST 分析如图 5-10 所示。

P 政策

教育是政策敏感度极高的行业。《国家职业教育改革实施方案》明确提出，职业教育与普通教育具有同等重要地位，近年来国家大力发展职业教育培训，构建终身学习体系等政策，同时加大对职教领域投入、职教行业受到政策推动，发展势头良好。以公务员、教师为代表的公职扩招刺激了职教培训行业的市场需求。受到疫情催化，线上职教也迎来发展风口。

E 资本

资本是判断一个行业发展的重要风向标。资本的涌入，可以快速催熟一个行业。近年来，教育行业作为热度较高的行业之一，的确吸引了一波资本的眼球，但受 2018 年中期以金融市场去杠杆和实体经济持续不景气的影响，教育行业一级股权市场的募投进入下行区间。另外，赛道政策越发趋严，市场担忧投资风险，导致赛道的投融资数量减少。资金投向两极分化严重。2020 年，大量资金向头部企业回笼，中小企业将面临更加激烈的竞争环境，更难脱颖而出。

S 社会

经济发展带来人均可支配收入的提高，当前我国的教育行业很可能临近一个快速发展的拐点处。中国城镇化率进一步提高，经济结构调整和技术进步带动职教需求的上升，人才红利将取代人口红利成为中国经济增长的推动力。2021 年高校毕业生再创新高，疫情影响之下，经济下行、就业压力增大，稳就业依旧是重中之重，职教需求越发突出。由于我国劳动力人口比例下降，职业教育这个赛道的增长逻辑更多在于品类渗透率或者集中度的提升。

T 技术

教育信息化的顶层设计持续提速，"科技赋能教育"的重要性提至新高，也加快了新技术与教育场景的深度融合。另外在市场力的推动下，以物联网技术为先导，云计算、大数据人工智能等新兴技术为驱动的智慧教育从理论进入应用，成为教育行业系统性革新的内生变量。与此同时，疫情的暴发成为教育行业在线化的催化剂，推动了 OMO 趋势的普及。但教育行业的属性也决定了其受到科技发展的改变相对其他行业较为滞后，教育行业的决策者需要进行更加综合的分析判断。

数据根据实际情况已脱敏处理

图5-10　职教行业外部环境PEST分析

（一）P — 政策

近年来，职业教育迎来一系列鼓励政策，见表 5-5。这些政策的提出，为职教行业的发展带来了显著的推动作用。

表 5-5 教育法律法规及相关政策汇总

时间	部门	政策 / 文件	内容
2020 年 10 月	中共中央、国务院	《深化新时代教育评价改革总体方案》	健全职业学校评价。重点评价职业学校(含技工院校,下同)德技并修、产教融合、校企合作、育训结合、学生获取职业资格或职业技能等级证书、毕业生就业质量、"双师型"教师(含技工院校"一体化"教师,下同)队伍建设等情况,扩大行业企业参与评价,引导培养高素质劳动者和技术技能人才
2020 年 9 月	教育部等九部门	《职业教育提质培优行动计划(2020—2023 年)》	促进高水平就业的办学方向,坚持职业教育与普通教育不同类型、同等重要的战略定位,着力夯实基础、补齐短板,完善服务全民终身学习的制度体系。 实施职业教育信息化 2.0 建设行动:提升职业教育信息化建设水平,推动信息技术与教育教学深度结合。 健全职业教育考试招生制度:规范职业教育考试招生形式,完善"文化素质+职业技能"评价方式
2020 年 6 月	国务院	"为高校相关专业毕业生就业提供便利"	三扩:扩大应届生和专升本的招生规模;扩大中小学教师招聘规模,将 2020 年学生的就业压力暂时性给予分散,并确保应届师范毕业生能全部就业。 鼓励与促进:国家通过经济和政策方面的支持,来鼓励他们自主创业;并促进毕业生考编和考公务员
2020 年 5 月	国务院	《2020 年政府工作报告》	今明两年职业技能培训 3500 万人次以上,高职院校扩招 200 万人,要使更多劳动者长技能、好就业

时间	部门	政策/文件	内容
2020 年 3 月	国务院办公厅	《关于应对新冠肺炎疫情影响强化稳就业举措的实施意见》	完善职业培训和就业服务。大规模开展职业技能培训，实施农民工等重点群体专项培训。持续开展线上招聘服务，低风险地区可有序开展小型专项供需对接
2020 年 2 月	人力资源社会保障部、财政部	《关于实施职业技能提升行动"互联网＋职业技能培训计划"的通知》	2020 年，实现"511"线上培训目标：征集遴选 50 家以上面向全国的优质线上职业技能培训平台，推出覆盖 100 个以上职业（工种）的数字培训资源，全年开展 100 万人次以上的线上职业技能培训
2020 年 2 月	国务院	国务院常务会议	国务院常务会议提出扩大今年硕士研究生招生和专升本规模，增加基层医疗、社会服务等岗位招聘规模，加大对小微企业吸纳高校毕业生就业的支持；要积极扩大农民工就业。加大稳岗和就业补助。扩宽就地就近就业渠道。重大工程建设、以工代赈项目优先吸纳贫困劳动力
2019 年 10 月	教育部等七部门	《关于教育支持社会服务产业发展提高紧缺人才培养培训质量的意见》	以职业教育为重点抓手，提高教育对社会服务产业提质扩容的支撑能力，加快建立健全家政、养老、育幼等紧缺领域人才培养培训体系，扩大人才培养规模，全面提高人才培养质量，支撑服务产业发展，开展 1+X 证书制度试点等

续　表

时间	部门	政策/文件	内容
2019 年 5 月	国务院	《职业技能提升行动方案（2019—2021 年）》	2019 年至 2021 年三年共开展各类补贴性职业技能培训 5000 万次以上，其中 2019 年培训 1500 万人次以上。方案强调民办职业培训和评价，机构在政府购买服务、校企合作、实训基地建设等方面与公办同类机构享受同等待遇
2019 年 3 月	十三届全国人大二次会议	总理政府工作报告	实施职业技能提升行动……加快发展现代职业教育，既有利于缓解当前就业压力，也是解决高技能人才短缺的战略之举。改革完善高职院校考试招生办法，鼓励更多应届高中毕业生和退役军人、下岗职工、农民工等报考，今年大规模扩招 100 万人。设立中等职业教育国家奖学金。支持企业和社会力量兴办职业教育
2019 年 2 月	国务院	《中国教育现代化 2035》《加快推进教育现代化实施方案（2018—2022 年）》	加快发展现代职业教育，不断优化职业教育结构与布局；深化职业教育产教融合，构建产业人才培养培训新体系，完善学历教育与培训并重的现代职业教育体系
2019 年 2 月	国务院	《国家职业教育改革实施方案》	要把职业教育摆在教育改革创新和经济社会发展中更加突出的位置，要推动企业和社会力量举办高质量职业教育；支持和规范社会力量兴办职业教育培训，鼓励发展股份制、混合所有制等职业院校和各类职业培训机构；启动"学历证书+若干职业技能等级证书"制度（1+X 证书制度）试点工作

资料来源：中国政府网，教育部等公开资料整理。

（二）E — 资本

市场公开数据显示，一级市场对教育行业的投资持续下降，2022年教育行业一级市场投融资数量为121起，同比下降73%，为近五年来新低，如图5-11所示。

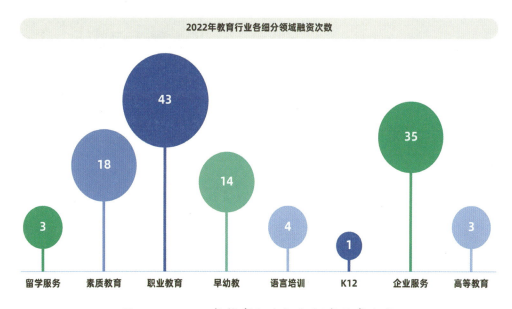

图5-11　2022年教育行业细分领域融资次数

来源：黑板洞察研究院。

2022年，职业教育一级市场共有43起融资，单笔融资金额从百万元到1亿元人民币不等，如图5-12所示。

资金投向两极分化严重，2022年，大量资金向头部企业聚拢，中小企业将面临更加激烈的竞争环境，更难脱颖而出。

2022年1月至12月中国职业教育融资数据榜							
01	博医时代	就业教育	北京市	2022年3月30日	A轮	1亿人民币	康基医疗
02	职问	职业教育	北京市	2022年10月14日	战略投资	5000万人民币	智联招聘、网易
03	治趣	职业教育	武汉市	2022年4月8日	战略投资	数千万人民币	红杉资本中国、华医网、数坤科技
04	技能成才	职业教育	北京市	2022年12月7日	Pre-A轮	千万级人民币	未透露
05	爱多思学堂	职业教育	重庆市	2022年4月2日	种子轮	千万级人民币	创新工厂
06	开环智教	职业教育	北京市	2021年1月20日	天使轮	550万人民币	吾谷资本、盛誉凯投资
07	州锐教育	职业教育	北京市	2022年5月23日	战略投资	未透露	松柏资本
08	步步学	职业教育	北京市	2022年4月20日	战略投资	未透露	清大教育
09	智杰教育	职业教育	成都市	2022年4月7日	Pre-A轮	未透露	希达集团
10	天天学农	职业教育	深圳市	2022年2月21日	C轮	未透露	松天资本
11	答案	职业教育	北京市	2022年1月14日	Pre-A轮	未透露	个人投资者（邱达根）
12	斯一科技	职业教育	深圳市	2022年1月17日	战略投资	未透露	合泰信投资

图表编制：网经社

5-12 2022年职业教育投融资明细

据不完全统计，目前三股市场的职教类上市公司共有30家。其中A股和美股市场的职业教育类上市公司基本以职业技能培训和职业考试培训公司为主，比较成熟的赛道有IT培训、公考培训和财经培训。而港股市场中，上市教育公司以各类职业院校居多，见表5-6。

表 5-6　部分职业教育已上市公司列表

交易所	企业	行业	上市时间	代码	市值（亿人民币）
A 股	Z 公司	非学历	2019/2/21	002607.SZ	1580
	东方时尚	非学历	2016/2/5	603377.SH	92
	中国高科	学历高校 / 非学历	1996/7/26	600730.SH	25
	开元股份	非学历 / 在线教育	2012/7/26	300338.SZ	17
港股	中国东方教育	非学历	2019/6/12	0667.HK	353
	中教控股	学历高校	2017/12/15	0839.HK	347
	希望教育	学历高校	2018/8/3	1765.HK	202
	中国科培	学历高校	2019/1/25	1890.HK	107
	中汇集团	学历高校	2019/7/16	0382.HK	84
	新高教集团	学历高校	2017/4/19	2001.HK	71
	民生教育	学历高校	2017/3/22	1569.HK	60
	嘉宏教育	学历高校	2019/6/18	1935.HK	53
	中国新华教育	学历高校	2018/3/26	2779.HK	36
	东软教育	学历高校	2020/9/29	9616.HK	34
	华立大学	学历高校	2019/11/25	1756.HK	30
	辰林教育	学历高校	2019/12/13	1593.HK	27
	建桥教育	学历高校	2020/1/16	1525.HK	25
	中国春来	学历高校	2018/9/13	1969.HK	17
	21 世纪教育	学历高校 /k12/ 学前教育	2018/5/29	1598.HK	8

续 表

交易所	企业	行业	上市时间	代码	市值 (亿人民币)
美股	正保远程教育	非学历 / 在线教育	2008/7/30	DL.N	22
	尚德机构	非学历 / 在线教育	2018/3/23	STG.N	10
	达内科技	非学历	2014/4/3	TEDU.O	11
	众巢医学	非学历	2020/2/24	ZCMD.O	3
	华富教育	非学历 / 在线教育	2019/4/30	WAFU.O	2

数据来源：东方财富choice，数据截至2021年4月15日。

（三）S — 社会

1. 居民收入增加，带动教育投入提升

参照美国的发展经验，人均 GDP 跨过 1 万美元大关后，教育服务占 GDP 的比重大幅提升，如图 5-13 所示。2019 年，我国的人均 GDP 已经达到 1 万美元。参照中国经济增长速度和过往的政府经济规划，每隔十年，中国的人均可支配收入都会增加一倍。

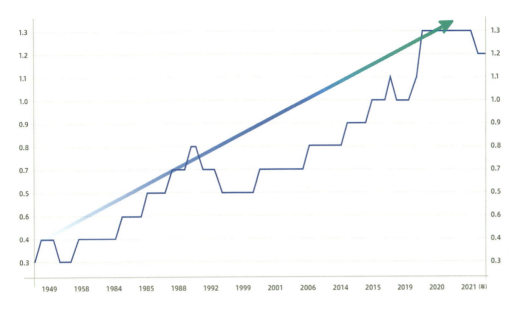

图5-13　美国教育服务业增加值占GDP比重

数据来源：wind。

但与此同时，我国人均可支配收入与人均GDP的比值在45%左右，美国该比例大概在70% ~ 80%之间。这说明，在美国的经济结构下，每1块钱GDP中，有更多能够转化为居民收入，如图5-14所示。

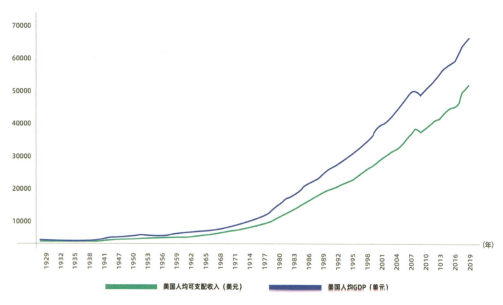

图5-14　美国人均可支配收入/人均GDP

图5-15　2014—2021年人均GDP及居民人均可支配收入

因此，我国居民的实际购买力，可能要略低于美国当时的情况。2019年，我国人均可支配收入为30733美元，而1940年的美国人均可支配收入为7942美元，如图5-15所示。

通过上述测算可以看出，当前我国的教育行业很可能临近一个快速发展的拐点处。

2. 城镇化率与政府公共服务需求提升，带动职教行业需求增加

近年来，中国城镇化率逐年提高，更加需要通过职业教育来提供城镇化发展过程中所需的劳动力。据统计，2018年全国共有2.88亿农民工。在全部农民工中，未上过学的占1%，小学文化程度占15.3%，初中文化程度占56%。

另外，城镇化率提高也伴随着对政府公共服务的需求增加。2022年，全国总人口14.12亿人，其中，城镇常住人口9.21亿人，乡村常住人口4.91亿人，城镇化率65.2%，比上年增加0.5个百分点。与海外成熟经济体80%以上的城镇化率水平还有很大的差距。随着城镇化率提升，对应的政府公共服务亦将得到明显提升；根据国家行政学院的研究，发达国家的公共部门就业人口占劳动力就业人口的10%～20%，加拿大和中国香港甚至超过了20%，而我国目前的公共部门就业人口只占劳动力就业人口的约5%。

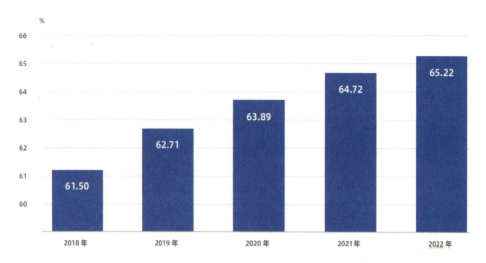

图5-16　2018—2022年常住人口城镇化率

数据来源：国家统计局。

3. 产业升级大背景下，人口红利转变为人才红利

我国产业升级正逐步走向价值链中高端，传统职业岗位亟待整体升级，新的职业岗位大量涌现，国家技术性人才短缺，而这也是推动职业教育发展的大好时机。

根据最新的第七次人口普查数据，我国拥有大学（含大专）文化程度的人口为 21836 万人，占 15.45%；拥有高中（含中专）文化程度的人口为 21300 万人，占 15.09%；两者合计占 30.5% 左右。这意味着，我国 14 亿多人口中，有近 70% 属于高中以下文化程度，大约 9.8 亿人。

与此同时，我国目前蓝领人群大约 4 亿人，其中技能劳动者超过 1.65 亿人，占就业人员总量的 21.3%，但高技能人才只有 4791 万人，仅占技能劳动者总数的 29%。高技能人才占比在德国是 50%，日本是 40%，相比而言，我国的高级技能人才十分匮乏。基于当前劳动力市场供需错配的情况，职业教育的增长驱动力非常明确。如果假设未来 10 年，我国高技能人才达到日本水平，则高技能人才的数量年化增速为 3.26%，若假设 20 年达到日本水平，则年化增速为 1.61%。

在大力推进"新基建"和核心技术自主研发的大背景之下，新兴战略行业、5G、人工智能、机械/制造业等适应当前社会发展的行业的招聘需求实现逆势增长；此外，由于美国芯片制裁政策，导致半导体行业供应链关系进一步恶化，许多供应链的中断将导致许多公司受到限制。在此大背景下，持续不断的职业教育发展将是填补国家新兴行业人才缺口，推动国家经济发展至关重要的一环。

4. 就业压力增大

近年来，高校毕业生就业压力增大。短期来看，随着职教快速扩招、高校入学率提升带动高校毕业生数量屡创新高，如图 5-19 所示，在稳就业和升学压力下，相关的参培率和参培数量均有望持续提升；从中长期来看，在国家"稳就业""保就业"的大背景下，提出大力发展职业教育培训，构建终身学习体系，完善全民终身学习推进机制，构建方式更加灵活、资源更加丰富、学习更加便捷的终身学习体系，通过大力发展职业教育和培训，有效提升劳动者技能和收入水平，将为职教行业带来持续的需求。

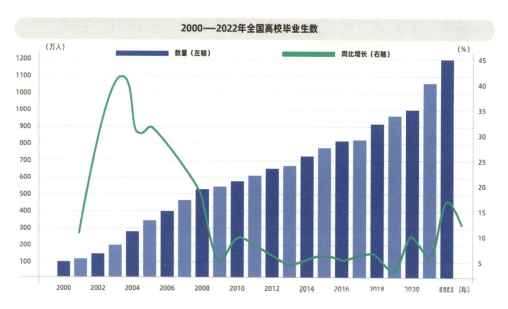

图5-17 2000—2022年全国高校毕业生数

5.人口结构转变

人口结构层面上，从 2011 年开始，我国 0 ～ 14 岁和 15 ～ 64 岁人口结构占比开始下降，65 岁以上人口结构占比逐渐提升，见图 5-18。在生育率加速下滑和预期寿命增加的情况下，这样的人口结构趋势短期内不会发生太大的改变。根据 2021 年央行(《关于我国人口转型的认识和应对之策》)中的判断，预计到 2050 年，我国人口结构将会进一步转变为倒金字塔形。

图5-18 2011—2021年我国人口结构情况

资料来源：国家统计局，华经产业研究院整理。

人口结构的变化会给职教行业带来两个方向的影响：

一方面，目标群体基数缩减，行业增长依赖于参培率和集中度提升。

因为15～45岁是职教培训市场的主要目标人群，虽然覆盖人群范围可能会因为终身学习的趋势逐渐扩大，但从人群总量的维度来看，未来人口结构的变化会使目标群体的基数较难出现大规模增长。因此，职业教育这个赛道的增长逻辑更多在于品类渗透率或者集中度的提升。

另一方面，职教行业的参培率未来预期会出现进一步提升。

我国20～45岁人群的职教培训参培率，整体上还处于较初级的水平。由于没有统计数据，我们只能进行粗略估算。该部分人群中，有本科及以上学历的占比大约为20%。出于谨慎，我们假设本科及以上人群的职教参培率已经为100%。

根据教育部披露，进城务工人员的参培率大致为 1.1%。而根据互联网数据，进城务工人员的比例大约在 2.8 亿人。按这个标准去推算剩余的 80% 的本科以下人群，可以大致测算出我国职业教育的参培率，不会超过 21%。

参照职业教育较为发达的德国，自 2005 年以来，职业教育的参培率在 45% 至 51% 的水平。因此，我国职教培训的参培率方面，还有一倍以上的提升空间。

与此同时，因为 20 ~ 45 岁的人群是家庭主要劳动力，而 20 岁以下和 45 岁以上人群，则为非家庭收入主力。收入主力人群越来越少，非收入主力人群越来越多，这意味着，20 ~ 45 岁人群赡养老人小孩的压力会逐步增大。也就是说，未来对于职教培训的需求也会进一步提升。

参考测算远期的市场增速的公式，可以将未来职教行业的增速表达为：

行业总量增速 =（1+ 适龄人口增速）×（1+ 参培率增速）×（1+ 客单价增速）−1

见表 5-7，其中，适龄人口增速我们选取近年来人口增速均值 -2.02%，参培率按照当前大概 20% 的水平，并预计未来 10 年逐渐提升到德国水平（45%）。客单价增幅参考通胀水平。

可以测算出，行业每年增速大约在 13%。

表 5-7　职教行业增速预测

	1	2	3	4	5	6	7	8	9	10
适龄人口增速	-2.02%	-2.02%	-2.02%	-2.02%	-2.02%	-2.02%	-2.02%	-2.02%	-2.02%	-2.02%
参培率	20%	23%	26%	28%	31%	34%	37%	39%	42%	45%
参培率增速	5.00%	13.89%	12.20%	10.87%	9.80%	8.93%	8.20%	7.58%	7.04%	6.58%
客单价增速	6%	6%	6%	6%	6%	6%	6%	6%	6%	6%
行业增速	9%	18%	17%	15%	14%	13%	12%	12%	11%	11%

（四）T — 技术

科技为职业教育行业带来的改变是显著的。主要体现在以下四个维度。

1.技术进步改变着教育行业的形态

随着大数据、AI、5G等新一代信息技术的发展与普及应用，未来的教育将进入教师与人工智能协作共存的时代如图5-19、图5-20所示。人工智能推动了教育的精准化、个性化、智慧化和泛在化。未来，教育应该是一种"人机共生"的教育，人工智能与教师之间互相补充，教师发挥人类感情的优势，人工智能发挥其计算能力的优势。

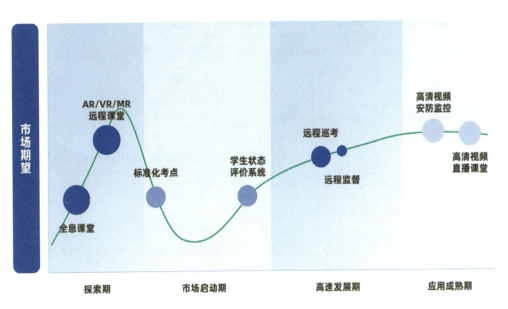

图5-19　5G时代智慧教育应用成熟度曲线

数据来源：IMT-2020（5G）推进组《5G应用创新发展白皮书》。

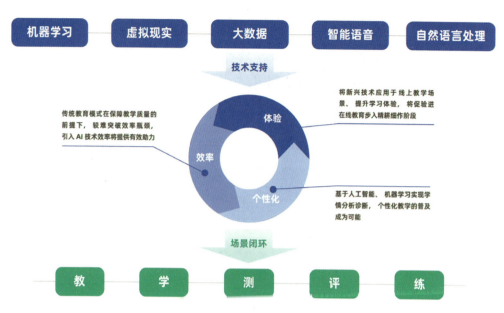

图5-20　AI等新兴技术在教育场景中的应用

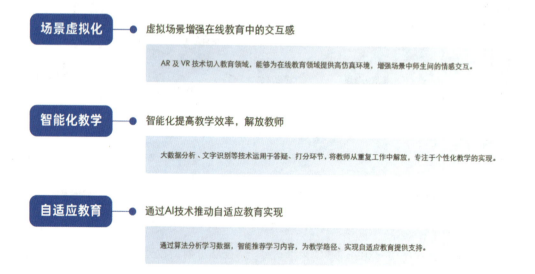

图5-21　在线教育的场景虚拟化、智能化和自动化

2. 教育行业的信息化建设重要性持续提升

在两会的政府工作报告中，2019 年提到发展"互联网＋教育"，2020 年十九届五中全会更是提到了尽快建设国家教育资源平台和国家学分银行，推进教育公平，关注弱势人群的教育权益。

3. 我国在线教育进一步快速发展，OMO 发展加速

2020 年 7 月 14 日，我国发布《关于支持新业态新模式健康发展激活消费市场带动扩大就业的意见》，提出支持 15 种新业态新模式发展，在线教育被列为首位；此报告明确要"大力发展融合化在线教育"。受新冠疫情影响，在线教育大规模的普及，同时让在线教育这一模式成为实现优质教育资源共享性、推进教育公平性的重要途径。长远来看，在线教育行业将在新兴技术的发展推动下飞速发展，从而推动整个教育行业的发展。

2021 年国内在线教育用户规模将达到 3.25 亿人，市场规模将达到 4328 亿元，见图 5-22。此外，截至 2020 年 7 月底，由于疫情原因我国平均每天新增约 175 家在线教育相关企业，累计增长 3.7 万家；在线教育市场无疑成为逆势增长最快的市场之一，见图 5-23。OMO 成为教育企业战略布局的重点，见图 5-24、图 5-25 所示。

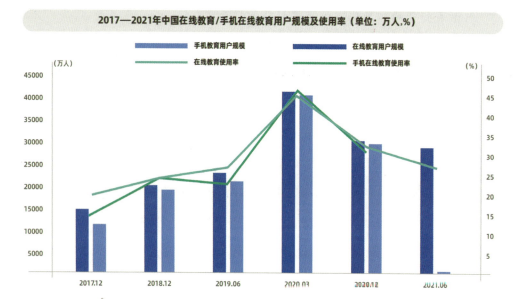

图5-22　2017—2021年中国在线教育/手机在线教育用户规模及使用率

图5-23　2016—2021年中国在线教育行业市场规模及增速

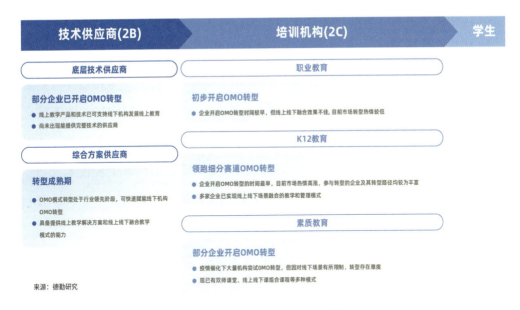

图5-24 OMO产业链转型情况

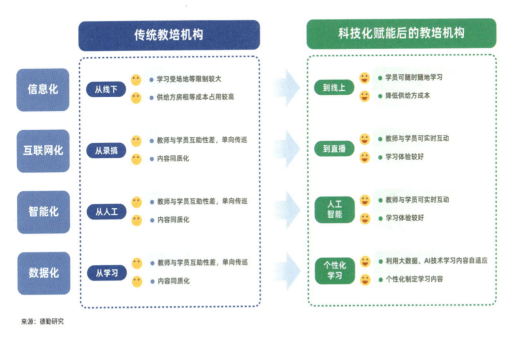

图5-25 传统教培机构的科技化发展路径示意

4. 科技的发展还进一步促进了职教行业的迭代更新

科技发展表现在劳动力市场上，就是多种新职业的出现。据中国财富网报道，在数字经济时代，仅阿里巴巴经济体在 2019 年就催生了超过 100 种新职业。例如情感工程师、垃圾分类师、专业主播、AI 流行预测师、人工智能训练师等。自 2015 年国家颁布《中华人民共和国职业分类大典》以来，人社部先后发布了两批共 29 个新职业，如数字化管理师、云计算工程技术人员、健康照护师等。这些新职业，逐步转变为市场就业的另一部分主要渠道，反过来从需求变革的方向带动了职业教育的发展。

与此同时，虽然在线教育的发展如火如荼，但因为教育行业存在一些固有特点，导致其受到科技发展颠覆性改变的可能性相对较小，也较为滞后，教育行业的决策者需要进行更加综合的判断。东方优播 CEO 朱宇曾公开表达过自己的观点，"教育会是科技改变的最后一个行业"。原因主要分为以下三个方面。

一是教育行业中新技术投入的 ROI（资本回报率）较低。教培产品通常无法取得立竿见影的反馈效果，新技术应用的效果通常无法获得及时验证；而且教培行业本身就属于"被动行为意愿的行业"，学员的动机不可能比娱乐、购物等更强，游戏化很难彻底改变教培领域（尤其是竞争性强的教培领域）中"反人性"的本质。

二是在现实教学过程中，教师的不可替代性。其主要分为以下三个维度：一是互动性，即教师可以通过与学生的互动来进行教学内容的快速匹配与调整；二是情感性，在教学管理中，人工比机器更能提供情感上的引导和激励；三是榜样作用，教师除了承担教学职能之外，还需要发挥一定的榜样作用，而这个特征是极难被技术取代的。

三是教育行业本身存在的非垄断性。首先，K12 行业里，名校的录取名额是固定的；在部分职教领域也是一样，由于招录名额等因素限制，学员之间天然存在一定的竞争关系。这就导致了用户之间的转介绍与社交意愿相对来说没有其他行业那么高，需要不断拉新来保持增长，营销投入大是必然的。其次，因为在线教育行业本身的教育属性要强于互联网属性，互联网行业的规模效应、网络效应与马太效应不完全适用于教培领域。一方面，教培行业很难构筑强规模壁垒，用户需求高度细分，无法使用完全标准化的产品满足所有用户，且本身用户的天然复购率更低，需要持续不断的营销投入；另一方面，教培行业比传统互联网领域更"重"资产，需要投入大量人力成本，规模扩大会导致边际成本越来越大。而且人力成本本身具有较高的不可控性，很难做到完全垄断。

（五）职教行业产业链分析

成熟市场的产业链通常非常明晰，上、中、下游各司其职，见图 5-26。商品市场发展的自然规律本身就是供给方和需求方长期市场匹配的结果。

教培行业的交付结果就是服务体验和学习效果（技能提升或通过考试认证等）。为了满足不同类型用户的多元化需求，以及交付结果的可验性，就必须要有标准化服务流程和细腻的分工来提升效率和质量。

教培行业作为典型的服务业，其产业链也逐渐走向成熟。在线教育虽然改变了教与学的时空场景，但并没有改变传统授课方式和学习流程。行业分工明显细化，如图 5-27 所示。

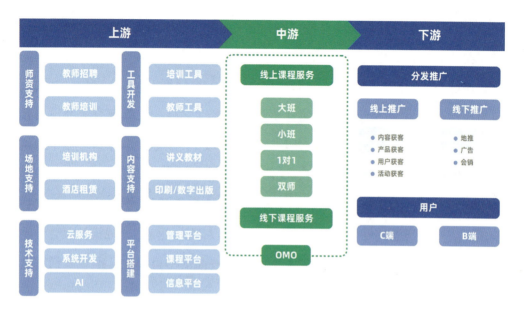

图5-26　职业教育行业产业链

图5-27　职业教育行业机构图谱

第六章　细分职教行业分析

第一节　公务员考试培训

一、公务员考试介绍

按照招录单位不同，公务员考试主要分为国考和省考两种类型。国考统一命题及考试，招聘单位为中央机关单位或直属机构。而省考为地方命题并组织考试，招录单位为各省或各地方机关单位。国考与省考的招录要求、招录时间等各方面均有所不同，具体见表6-1、图6-1所示。

表6-1　公务员考试国考与省考对比

	国考	省考
招录单位	中央机构或直属单位	各省或各地方机关单位
招录要求	一般35周岁以下，本科及以上应届生或往届生，另有部分单位有2年以上基层工作要求	一般35周岁以下，大专及以上应届生或往届生，另有部分单位有户籍要求
招录人数	少	多
笔试	统一命题考试，公共科目（行测＋申论）＋部分专业课（特殊单位需求）	各省命题考试，考试时间各异，部分省联考，公共科目（行测＋申论）＋部分专业课（特殊单位需要）
面试	多采用结构化形式，各招录机关确定时间地点	

来源：中公教育公司官网，安信证券。

图6-1 公务员面试示意图

来源：雪球。

二、公务员考试培训市场现状和发展趋势

通常，公务员编制与全国人口比例应为一个恒定值，从长期看，公务员招录需求应在一定区间内波动，是一个相对恒定的市场。从近11年的国考数据来看，国考报名总人数呈现出一定的稳定性，基本上保持在130万～150万人。招录人数与报名人数成正相关关系，招录人数越多，报名人数亦会增加，如图6-2、图6-3所示。

图6-2   2010—2021年国考招录人数

图6-3   2010—2021年国考报名人数招录比

来源：国家公务员局官网。

地方性公务员考试（省考）各地差异较大，各省每年的计划的变化都会造成每年考试人数的波动，而且部分省份报名人数缺少官方数据。各省省考报名人数相对比较分散，从 1 万到 30 万均有分布。整体上，省考报名人数在 350 万～400 万人。全国国考和省考合计报名人数在 500 万人左右。

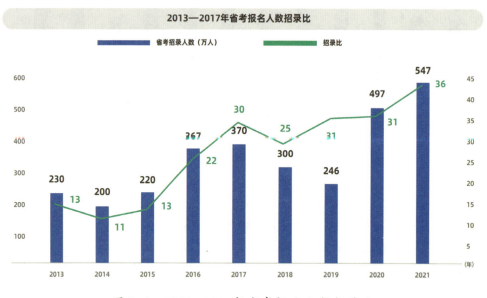

图6-4　2013-2017年省考报名人数招录比

数据来源：弗若斯特沙利文，公开资料整理（因部分省份数据未公布，数据仅供参考）。

近年来，在经济增速放缓、就业压力增大的背景下，公务员岗位由于其工作稳定的特征，对就业人群的吸引力不断增加。整体上招录比通常在 50～90，如图 6-4 所示，而超过 100 人竞争一个公务员岗位的情况也相当普遍，如图 6-5、图 6-6 所示。整体来说，地方的公务员考试的竞争程度要低于国家公务员考试，但竞争仍然非常激烈。激烈的竞争促使考生去参加公考培训，未来参培率只会逐步提高。目前，公考培训的参培率大概在 25%，而同为刚性需求的 K12 培训参培率为 40% ~ 50%。

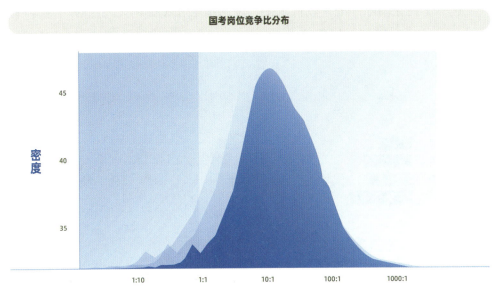

图6-5 国考岗位竞争比分布

具体来看，在公务员考试中，面试的客单价要远远大于笔试。主要因为笔试的通过概率很低，学生付费意愿也相对低一些。而拿到面试机会的考生，被录取的机会显著增多，也就相应刺激了付费意愿。而且，面试需要考生拥有较好的心理素质和临场反应能力。因为面试的内容范畴、交流形式等相对稳定，所以提前的培训学习、模拟等方法能够起到较好的作用，场景式培训适合线下，而线上难以满足。

竞争激烈、录取率低，是公务员考试的长期主要特征。行业总量的增长，取决于未来公务员招录人数是否会增加。

由于缺乏公务员总人数的官方数据，因此我们采用 wind 中"非私营公共管理和社会组织"就业人数来简化代表公务员体系总人数情况。目前可查看到的数据是，2018 年名义公务员数据，以此来测算公务员人数占全国总人数的比例为 1.2%（公务员／居民数量比）。

这一比例在国际上处于较低水平，发达国家官民比例大约在 3%，经济转型中的国家这一比例为 2% 以上，发展中国家这个比例在 1% 左右，如图 6-6 所示。

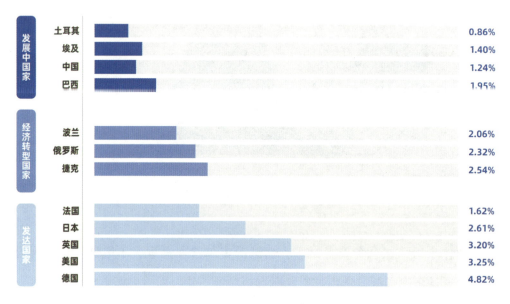

图6-6　全球部分国家官民比例

来源：《中国公务员规模问题研究》，国元证券。

此外，2016 年中国行政管理学会副秘书长沈荣华接受《经济周刊》采访时提到，我国财政供养的人员为 5000 万人，占总人口的比例为 3.49%。而美国财政供养人员占比为 7.47%，英国在 8%～9%，德国为 5% 左右，如图 6-7 所示。

图6-7　各国政财供养人员比例

来源：《中国公务员规模问题研究》，国元证券。

从以上两个数据来看，我国的公考培训市场，其实还有较大的增量空间。假设我国公务员占比用 10 年时间提升至美国水平，则公务员人数的年化增速为 6.96%。

另外，根据中国年出生人口数据，按照正常的工作年限计算（女 55 岁，男 60 岁），2017—2022 年开始是中国在职人员的退休高峰期，如图 6-8 所示。由于历史经济体制的原因，1961 年之后出生的在职人员多集中于国企或者公共服务部门，他们正式进入退休高峰期，退休后编制轮空需招录补充。

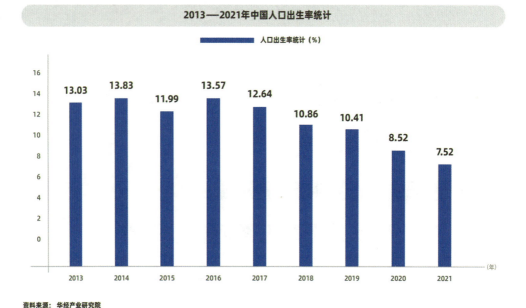

图6-8 2013—2021年中国人口出生率统计

　　1982年，劳动人事部制定下发《吸收录取干部问题的若干规定》，强调国家机关、企事业单位吸收录用干部，实行公开招收，也逐步导致公务员数量从1978年改革开放之初的400多万人增至后来的1100多万人。按照工作30年算，80年代初开始进入机关单位的公务员将在2020年左右迎来退休期。

三、公务员考试培训市场空间测算

　　参考2021年的招录数据，按照当前市场的参培率（约25%）计算，公考培训行业的参培人次可以达到175万。

　　2019年，行业龙头X公司的公考培训客单价分别为面授7138元和线上583元。根据X公司2019年年报数据，面授和线上的营收占比大约为9:1。H公司的营收结构跟X公司类似，但F公司以线上培训为主，2019年F公司营收 16 亿元，其中 80% 的收入来自线上。经过市值加权后，可以算出 2019 年公考培训的客单价大概为 6000 元。按照每年 5% 的增幅，2021 年公考培训客单价保守估计为 6600 元。

综上，经测算，2021 年公考培训市场规模合计约 115 亿元。在中性假设的基础上，预计未来 5 年的市场规模将超过 120 亿元，具体见表 6-2。

表 6-2　公考培训市场规模预测

行业市场规模预测	2021 年	谨慎	中性	乐观
国家公务员招录人数（万人）	2.8	1.4	2.1	2.8
报名人数（万人）	151	70	137	224
竞争比（N∶1）	54	50	65	80
培训渗透率	25%	25%	30%	35%
参培人次（万人次）	38	18	41	78
客单价（元）	6600	6600	7000	7500
市场规模（亿元）	25	12	29	59
地方公务员招录人数（万人）	15	7.5	11.25	15
报名人数（万人）	547	225	450	750
竞争比（N∶1）	36	30	40	50
培训渗透率	25%	25%	30%	35%
参培人次（万人次）	137	56	135	263
客单价（元）	6600	6600	7000	7500
市场规模（亿元）	90	37	95	197
公务员序列合计（亿元）	115	49	123	256

四、公务员考试培训市场竞争格局

目前，X 公司在公考领域是绝对龙头，2021 年公考培训市场市占率达到 33%，如图 6-9 所示。

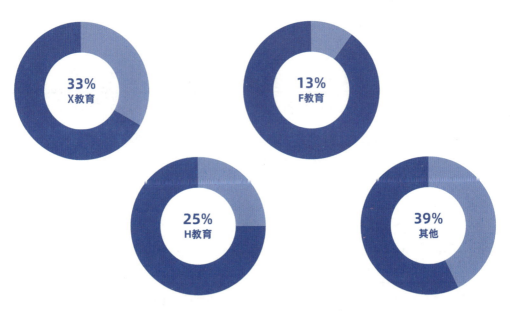

图6-9　2021年公考培训市场竞争格局

数据来源：公司公告、弗若斯特沙利文（F公司市占率由营收规模/市场规模估算得到）。

五、公务员考试培训市场地区分布

我们截取了过去一年内各个省份搜索职教关键词的日均数据（包含公考、事考、教师、财经类考试和 IT/ 泛 IT 培训。分别选取了相关性最高的前 10 个关键词），与各省劳动力人口数量对比可以看出：整体上，职教需求强度与地域劳动力规模呈正相关，这一趋势在所有细分赛道上都是成立的。比如劳动力大省广东，是需求最高的区域，如图 6-10 所示。

就公考培训行业来说，相对而言，经济较不发达的省份（如西藏、青海、黑龙江等）的公考 TGI 指数更高，即相比于其他职教类型，这些地区的劳动人口更加倾向于选择公务员作为就业途径。经济较不发达省份的就业选择相对较少，是造成这种现象的主要原因之一。[TGI 指数 =（目标群体中具有某一特征的群体所占比例 / 总体中具有相同特征的群体所占比例）× 标准数 100。数值越高，则表示倾向于偏好越强。]

公考 TGI 最高的前五个省 / 区分别是西藏（117）、青海（113）、江西（111）、内蒙古（110）和河南（108）。

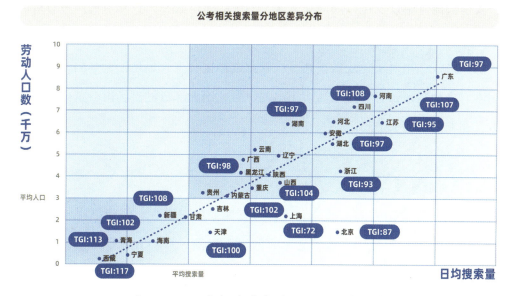

图6-10　公考相关搜索量分地区差异分布

数据来源：国家统计局，百度指数。

六、公务员考试培训行业特征

（一）标准化

无论是省考还是国考，均为笔试和面试的形式。笔试科目均为《行测》和《申论》，面试形式则以结构化、半结构化面试及无领导小组讨论为主。整体上公考的科目少，且考试内容具有极强的共通性，只存在难度差异。这就使公考培训成为职教领域中难得的可标准化培训赛道。

（二）分散化

公务员国考招录 2 万余人，其中国考六大系统（指国税、海关、海事、铁路、公安、银保监会以及统计局调查总队）招录的岗位数和人数几乎占国考总量的80%。以国考招录岗位和人数最高的国税系统为例，其岗位需求 70% 分布在基层。另外，相对于一线城市其基层就业选择机会少，也是公考热的一大助推因素。也就是说，自公考培训市场出现伊始，绝大部分的市场机会就分散在地方，而非集中在大城市。

（三）波动性

波动一方面指时间上的波动。公考有明显的季节性，每年下半年举行国考，上半年举行省考，各地的省考时间也不均衡；另一方面指招录人数的波动。机构改革的不确定性，会导致公考招录人数不稳定，甚至会出现个别省份在某些年份完全停招的情况，具体如图 6-11 所示。

公务员考试	酒店租赁	笔试	笔试成绩	面试	录取公示
国考	10月	12月	次年1月	次年2~3月	次年5~6月
省考	2~3月	4月联考	5月	6月	8~9月

备注：个别省市上一年2011—2012年月份招录公告，整个流程提前2~3个月；省考联考是指全国20省市统一考试时间，并非完全统考。

图6-11　公务员考试分布周期

来源：X公司官网。

第二节　事业单位考试培训

一、事业单位与事业单位考试介绍

事业单位，是指国家出于社会公益目的，由国家机关举办或者其他组织利用国有资产举办的，从事教育、科技、文化、卫生等活动的社会服务组织，其经费一般由国家事业费开支的单位。

主要有科研单位、教育单位、文化单位、新闻、广播、出版单位、卫生单位、体育单位、勘察设计单位、农业、林业、水利和气象单位、社会福利单位、环境保护单位、交通、城市公用等其他事业单位。另外，还有一种行政事业单位，指具有行政管理职能的事业单位，其履行的是执法监督和社会一些管理职能，如部门所属的执法监督、监管机构等，其工作人员属于行政事业编制，行政事业单位目前参照公务员法管理，随着事业单位分类改革的推进，将来很多行政事业单位将纳入公务员序列，如图6-12所示。

图6-12　我国四种主要公共服务部门介绍

来源：事业单位招聘考试网、人社局等。

　　不同于公务员招录考试，事业单位招录考试尚无全国或者全省的统一招考，通常由各用人单位的人事部门根据职位空缺拟定招录计划并向主管部门备案，同时委托所属省市人社部门的人事考试中心命题和组织考试，用人单位或其主管部门负责组织面试，具体见表6-3。

表6-3　事业单位招录考试信息介绍

招录单位	各级党政机关、机关的附属机构和法律服务所、教科文卫、新闻出版、体育、环境监测、城市建设等单位
报考条件	大学专科及以上文化程度； 18～35周岁，应届硕士研究生和博士研究生（非在职）年龄可放宽到40周岁以下； 部分岗位要求有基层工作经历
考试时间	多省份联考笔试：5月末和10月末 面试：7～8月、次年2～3月，各部门不同
考试内容	笔试：公共基础知识、行政职业能力测试、申论、综合能力应用ABCDE、其他专业技能考试； 面试：由于缺乏对事业单位招聘面试的研究和规范，各地多采用公务员的面试模式，或在其基础上稍加改进。除教师、医疗卫生行业等特殊行业的面试会采用说课、实际操作等形式外，绝大多数事业单位面试采用的都是结构化面试形式，测评要素也和公务员面试差不多，差别只在于面试时长不同，题目数量不同。事业单位招聘面试的试题来源大致有两种，一是单位自主命题，二是委托第三方专业机构命题
录取人数（2017年全国公开招聘）	93万人，剔除教师和医疗卫生共招录17.94万人
报考人数（2017年）	约600万人

数据来源：事业单位招聘考试网、人社局等。

二、事业单位考试培训市场现状

沙利文数据显示，2017年事业单位招录考试（剔除教师和医疗卫生招录培训）总收入为108亿元，2013—2017年CAGR为17.8%；招录培训学员总数为270.68万人，2013—2017年CAGR为8.5%；参培率由24.3%上升至25.6%，略低于公务员的26.5%，如图6-13、图6-14所示。

　　由于事业单位存在招录岗位及人数多、招考难度相比公务员考试较低、工作稳定且待遇良好等特点，使得报考事业单位成为近年来的一大求职热点。而且因为事业考试和公务员考试时间上不冲突、可同时报考，从而增加了报考人数。

图6-13　2013—2021年事业单位招录培训总收入(十亿元)及同比增速
来源：网络数据整理。

图6-14 2013—2022年事业单位招录培训总人数(万人)及参培率

来源：网络数据整理。

　　因为没有全国统一数据披露，且多个省份的数据缺失，我们以上海市事业单位的招聘为例，见图 6-15，可以看出近年来上海市事业单位的竞争比在逐年提高。跟公考行业逻辑类似，事业单位也因其稳定性受到求职人员的追捧。虽然近两年全国对事业单位进行改革，部分行政功能岗位有重叠现象，相关岗位招录需求会受影响，短期招录可能会出现波动，但从长期来看，受到就业形势严峻、退休人员高峰的影响，事考招录人数应该不会出现大幅减少。

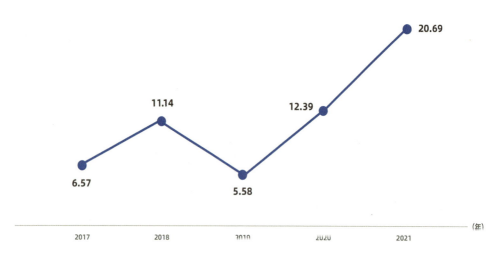

图6-15　上海事业单位竞争比

来源：X公司官网。

三、事业单位考试培训市场空间测算

整体上，事考培训行业与公考相似度较高，潜在空间基本稳定，参培率和客单价提升是其主要增长因素。

经测算，2019年事考培训市场规模合计约为22亿元。在中性假设的基础上，预计未来5年的市场规模将超过30亿元，见表6-4。

表6-4　事业单位考试培训市场规模预测

行业市场规模预测	2019年	谨慎	中性	乐观
国家公开招聘事业单位工作人员（综合岗）（万人）	23	15	25	30
报名人数（万人）	220	120	250	360
竞争比（N∶1）	10	8	10	12

续 表

行业市场规模预测	2019 年	谨慎	中性	乐观
培训渗透率	25%	25%	30%	35%
参培人次（万人次）	55	30	75	126
客单价（元）	4000	4000	4500	5000
市场规模（亿元）	22	12	34	63

四、事业单位考试培训行业特征

整体上，事考培训行业与公考行业具有很强的相似性。

事考与公考的考试内容重合度较高，事考的职测与公考的行测大部分内容类似，但事考会相对简单一些。事考的综合类似于公务员的申论。所以，事考和公考培训的用户潜在转化率很高。

事考培训行业与公考一样，同样具有分散化和波动性特征。

但相比之下，事考的地域性、分散性更强，更有利于强线下渠道网络的公司布局。难以标准化，对于纯在线化的公司来说，行业进入难度更高。

第三节　教师类考试培训

一、教师类考试介绍

教师类考试培训详情见表 6-5。

表 6-5 教师类考试培训主要包括教师资格考试培训及招聘考试培训

	教师资格证考试	教师招聘考试
组织单位	27 个省市自治区实施教师资格全国统考	由各县或者区教育局组织教师竞争上岗考试（无全国或者各省统一的招考制度）
报考人群	所有申请幼儿园、小学、初级中学、高级中学、中等职业学校教师资格和中等职业学校实习指导教师资格的人员	有意应聘中学（包括高中、初中、中等职业学校）、小学、幼儿园补充新任教师的人员
报考条件	1. 符合报考职位的学历要求 2. 普通话二级乙等及以上	1. 具备教师资格证 2. 符合岗位聘用要求
考试时间	全国统考每年两次（山西、黑龙江、湖南、云南、青海仅每年下半年一次），笔试通常在 3 月、11 月，面试在 5 月及次年 1 月	各地独立安排，一般每年组织一次考试，暑假（7—8 月）为集中考试时间
考试内容	笔试：综合素质、教育知识与能力，中学文化课教师另需考核学科知识与教学能力 面试：具体包括结构化面试、试讲、答辩等	笔试：教育基础知识 + 报考岗位对应学科专业知识 面试：主要采用试讲的方式
通过 / 录取要求	笔试以满分 120 分的 70 分为合格，面试仅显示合格与不合格	按笔试成绩排名，以 1：3 的比例确定面试人选
通过率	笔试：50% 左右 面试：50% ～ 60% 整体通过率大约为 30%，不同区域存在差异	无统计数据，不同地区和岗位差异巨大
考试类型	通过性考试	选拔性考试，很多地区将教师招聘和事业单位招聘统一进行，区域性较强
备注	笔试成绩有效期 2 年，过期未获得资格认证需重新参加笔试	21 个中西部省市自治区有中央划拨的特岗教师名额

数据来源：官网、中国教育考试网。

二、教师类考试培训市场现状和发展趋势

（一）教师资格门槛提升，促使教资培训市场空间进一步扩大，参培率有望获得持续增长

2015 年，教师资格证考试改革正式实施，提高了教资的参考人数和参培人数。教育部公布《中小学教师资格考试暂行办法》，打破教师终身制且五年一审，师范毕业生不再直接认定教师资格，统一纳入考试范围。改革后将实行教师资格全国统考，考试内容增加，范围扩大，整体难度提高，详情见表6-6。根据搜狐网报道，据教育部统计，在全国统考以前，在没有师范生参与考试的情况下，各省教师资格考试通过率一般可以达到70%左右，通过率较高。但2011 年开始试点统考，2015 年正式实施后，2011—2018 年，笔试、面试及综合通过率分别为37.4%、69.5% 和26%，出现了明显下降。

表 6-6　教师类考试改革前后对比

	改革前	改革后
考试形式	各省自主命题	全国统考
考生范围	非师范类学生与其他社会人员	试点政策实施后入学的师范生纳入全国统考范畴
考试科目	教育学 + 心理学	综合素质 + 教育教学知识与能力 + 学科知识与能力
考试方式	笔试 + 面试	机考 + 笔试 + 面试
成绩年限	笔试成绩长期有效	笔试单科成绩有效期 2 年
证书有效期	未规定	5 年一周期定期注册

数据来源：教育部官网。

2018 年，国家对线上、线下的校外培训机构进行严管，国务院下发《国务院办公厅关于规范校外培训机构发展的意见》，规定在培训机构上课的老师也必须持有教师资格证。公开信息显示，很多 K12 培训机构包括 X 公司、好未来等大型培训机构在政策发布前，教师资格持证率不足 50%。2018 年市占率前五的 K12 培训机构全职教师合计约 6.54 万人，可以推测国内 K12 校外培训机构的教师体量超过 100 万人，见表 6-7。

表 6-7　K12 校外培训机构营收、教师数量及市占率

K12 培训公司	营收（亿元）	教师数量（人）	市占率（%）	财年截止
X 公司	156.99	28100	1.80%	FY2018
好未来	108.55	20379	1.30%	FY2018
学大教育	27.80	8141	0.70%	FY2017
精锐教育	21.80	6057	0.60%	FY2017
卓越教育	11.10	2719	0.30%	FY2017

数据来源：各公司财报，wind。

这一规定施行后，报考教师资格的人数出现大幅增长，2019 年报考人数同比增长 37%，2022 年报名人数超过 1000 万人，如图 6-16 所示。

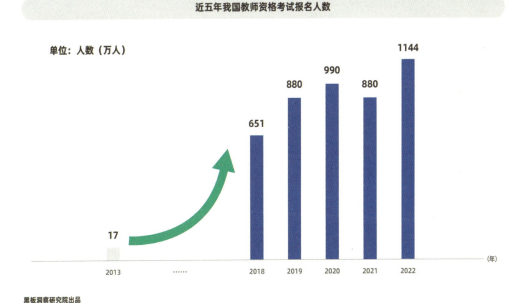

图6-16 近五年我国教师资格考试报名人数

（二）国家政策提高了教师岗位吸引力，教师岗位缺口受国家发展教育推动进一步增加

1. 教师待遇持续提高，提高职业吸引力

2018年，国务院印发了《关于全面深化新时代教师队伍建设改革的意见》，再次明确要求要完善中小学教师待遇保障机制。2020年，国务院印发通知，明确2020年把义务教育教师平均工资收入水平不低于当地公务员作为督导检查重点。

2. 每年退休教师带来更新需求

我国高等教育阶段以下专任教师数量逐年增长，2019年，我国学前教育、义务教育、高中阶段专任教师数量共计约1460万人。假设教师平均分布在各年龄层，22岁开始工作，55岁退休，按平均教龄33年计算，估计每年仅由退休教师产生的招聘数量大约为 44 万人。

3. 市场对教师岗位需求大

我国教师总量不足、结构性缺编问题仍十分突出。人力资源和社会保障部发布的 2020 年第三季度全国招聘数量大于求职数量的"最缺工"的 100 个职业排行中，中学教育教师和小学教育教师首次进入紧缺职业行列。通过查看我国专职教师每年净增人数可以发现，最近 15 年来，幼小初高基本保持净增长态势，尤其是以幼儿园的教师增长数量最为明显，如图 6-17 所示。

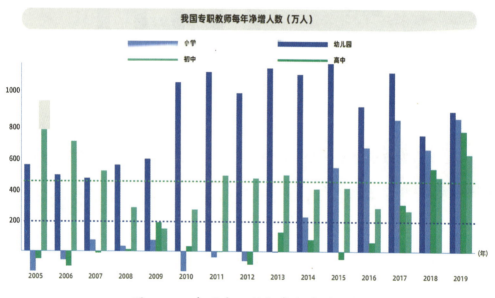

图6-17　我国专职教师每年净增人数

数据来源：东方财富choice。

4. 在经济不景气、疫情影响的大背景下，教育越来越成为求职方向中的最大热点领域

根据《2020 年中国大学生就业报告》的数据，2019 届本科毕业生就业比

例最大的行业是"教育业"（就业比例：15.9%）。学慧网发布的《2020年应届毕业生就业情况调查报告》显示，教育行业成为应届毕业生的最理想行业，如图6-18所示。

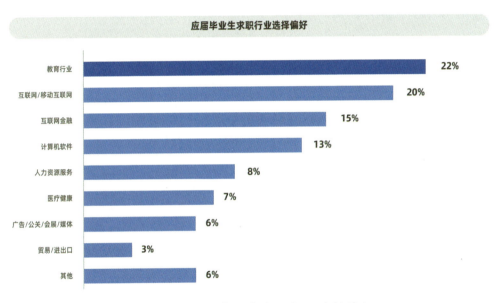

图6-18　应届毕业生求职行业选择偏好

数据来源：学慧网，《2020年应届毕业生就业情况调查报告》。

综上，短期内，教师资格考试改革提高了参培率和客单价。而国家大力发展教育、教师待遇提升带来的职业吸引力提升，属于中长期的增量因素，未来教师从业者数量将会进一步增加。

三、教师类考试培训市场空间测算

教师类培训没有相关参培率数据。因为教师考试与公考的相似性（国家统考、强制性资质、职业稳定等），我们以公考培训领域的参培率为参照

（25% ~ 28%）。

按照2020年的数据，按照当前市场的参培率（约25%）计算，教师类考试培训行业的参培人次可以达到350万人。经测算2020年教师类考试培训市场规模合计约125亿人。在中性假设的基础上，预计未来5年的市场规模将超过234亿元，见表6-8。

表6-8　教师类考试培训行业市场规模预测

行业市场规模预测	2020年	谨慎	中性	乐观
教师资格考试报名人数（万人）	1000	800	1000	1200
培训渗透率	25%	25%	30%	35%
参培人次（万人次）	250	200	300	420
客单价（元）	3000	3000	3000	3000
市场规模（亿元）	75	60	90	126
教师招聘录取人数（万人）	40	40	40	40
报名人数（万人）	400	400	800	1200
竞争比（N：1）	10	10	20	30
培训渗透率	25%	25%	30%	35%
参培人次（万人次）	100	100	240	420
客单价（元）	5000	5000	6000	7000
市场规模（亿元）	50	50	144	294
教师类考培行业合计（亿元）	125	110	234	420

四、教师类考试培训市场地区分布

与公考相同，对比各省搜索数据和劳动人口数量可以看出：

经济相对不发达的省、区对于教师 TGI 指数的相关性相比于公考出现降低。教师类 TGI 最高的前五个省、区分别是：广西（122）、贵州（120）、新疆（118）、云南（117）和河北（115），如图 6-19 所示。

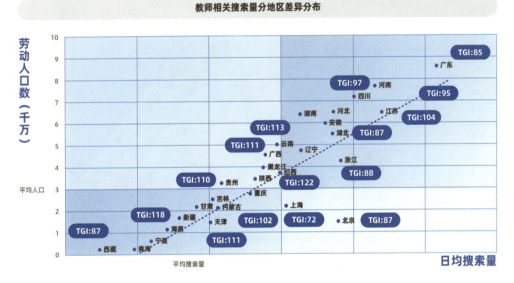

图6-19　教师相关搜索量分地区差异分布

数据来源：国家统计局，百度指数

（相关词条百度搜索数据截取时间：2020.4.1—2021.4.1）

五、教师类考试培训行业特征

教师资格考试培训行业，因为考试内容统一采用国考标准，具有很强的通用性。且因为国家政策要求，参考人数比国考更多，虽然目前客单价较低，但未来或许有更大的市场规模。

第七章　体验监测

第一节　C端体验监测

一、项目背景

（一）关注用户体验—w—以用户为中心，将用户体验作为业务增长抓手

蓝象资本发布的《在线教育新生态报告》指出，职业教育市场正逐渐从供给驱动向需求驱动转变。在产业加速升级、经济结果转型的时代背景下，如何在人才和技能层面填补产业缺口，成为职业教育的核心命题。但传统职业教育市场的头部赛道，在近几年的竞争中已呈现出供给饱和的趋势，产品同质化、行业内卷化倾向皆有所显现。因此，越来越多企业从产品主导转向用户主导，以用户为中心。通过密切关注、跟随用户需求与体验，分析社会思潮变化，并结合新兴产业调研，了解用户在职业技能和资质上的空缺，从而为用户提供高效实用的职业教育内容，并与其他企业打出差异化，赢得用户青睐。

另外，对用户体验的管理也可以从多个方面帮助业务增长。

心智改变：提升用户体验，让用户在使用过程中被机构的产品、服务等内容的优势吸引，塑造深刻的价值感知，从而在用户心中留下机构良好的品牌印象，为后续的行为、消费转变打下基础。

行为改变：将品牌植入用户心智，即可在用户需求产生时，快速激活机构产品所在的目标实现路径。从而提升用户的产品使用密度，主动扩展使用场景，甚至积极发出分享信号，为品牌口碑传播按下启动键。

消费改变：良好的使用体验、积极的品牌形象能提升机构在用户心中的可信赖度，认可机构产品性价比，进而愿意为更高客单价的产品付费，实现后续的增值购买、产品复购等行为。

基于以上，实现用户心智—行为—消费改变，最终会带来更稳健、快速的业务增长。

因此，企业需"以用户为中心"，聚焦用户需求，关注用户体验，以此打造差异化产品，促进业务增长与提高用户活跃度。

（二）聚焦学习系统——以系统为载体，贯穿用户全生命周期体验

在信息化蓬勃发展的大背景下，科学技术所涉足的领域越来越多，这也同样影响着教育行业的发展，传统教学场景逐渐向在线教育转变。在线教育因其不受时空限制、传播快速便捷等优势而热度不断攀升，受到资本关注，同时在线实时传输、人工智能、虚拟现实等技术手段也为在线教育带来了新的可能性，OMO 模式、双师课堂、AI 陪练等新的教学和运营方式为行业注入了活力。

据中国科学院大数据挖掘与知识管理重点实验室数据显示，2019 年在线教育市场规模达到 3117.7 亿元；《中国互联网发展报告》则显示，2020 年，我国在线教育市场规模保持稳定增长，达到 4154.8 亿元，同比增长 25.2%，2022 年我国在线教育市场规模达 6075.4 亿元。同时受疫情影响，教育行业更是加速线上转移进程，重视线上产品的建设和发展，如图 7-1 所示。

图7-1　2016—2022年中国在线教育行业市场规模预测趋势图

数据来源：中国科学院、中商产业研究院整理。

不同于传统线下教学场景，教育中最基本的组成要素是课程与老师，在在线教育中都极大程度地依赖于学习系统的支持。学习系统搭建了机构与用户链接的平台，几乎所有教育产品的交付都需要通过学习系统来呈现和传递。因此，重视用户在使用学习系统时的体验是非常重要且必要的，它贯穿了用户与机构接触的全流程，将潜移默化地影响用户体验，进而影响用户的学习效果/舒适度、后续购买/推荐行为，以及对机构品牌的印象及口碑传播。

综上所述，A公司作为以科技为驱动的综合性国际职业教育集团，不断优化C端用户的学习系统使用体验是提升A公司市场竞争力的一个重要维度。但关注用户体验面临的首要问题就是如何有效衡量体验的好坏，如何在数据层面发现问题、收集用户反馈。企业大多仅凭决策者、产品经理等人的想法和经验进行判断，缺乏客观、真实的用户数据参照，无法实现量化和追踪。这也让许多企业在优化用户体验时止步于企业口号。因此，我们围绕该方向制定了本次调研的目标与内容，搭建用户体验监测工具，为 A 公司学习系统的持续提升与优化提供参考思路。

二、项目推进

（一）研究目的与内容

通过定期量化 C 端用户的主观体验（满意度 /NPS），建立体系化、标准化，且具有数据代表性的监测体系。实现产品、研发、设计等核心工作效果有反馈、可溯源。

研究内容主要包含三个维度：整体满意度 /NPS；A 公司软件产品体验及细分维度；A 公司课程、服务等其他维度体验及细分维度。

通过对上述内容的研究，分析产品在不同用户中的满意度表现，发现产品薄弱点以及影响产品满意度的要素，同时进一步分析不同指标对于总体满意度 /NPS 的贡献变化，借此不断升级产品，满足用户需求。

（二）研究工具选取

基于对聚焦用户体验及软件产品使用体验的重要性论述，如何有效衡量用户使用体验成了我们需要思考的下一个问题。在本次调研中，我们引入 NPS 及 CSAT 作为衡量用户体验的指标，搭建 C 端产品的用户体验监测体系。

NPS（Net Promoter Score）净推荐值是一种计量用户是否会向其他人推荐该产品或服务的可能性的指数，是当前国际通用的监测用户忠诚度的核心指标，本质上是对用户口碑及行为忠诚的量化指标。

NPS 与过往企业常用的客户满意度（CSAT）不同。满意度主要衡量用户对企业表现的评价，更聚焦于产品 / 服务的可用性。它与企业的商业效益有关，但并未直接对应用户的某些理想行为，态度上的满意并不代表行为上的推荐。NPS 则是一个更为直接代表用户行为的指标，它衡量了用户愿意为企业宣传、背书的程度，需要用户基于整体的体验来进行评价。由于其指向了推荐这一具体行为，NPS 对商业效益有着更高的预测性，企业可以通过 NPS 看到自己在用户群中的口碑传播方向和强度。在产品同质化日趋明显的今天，NPS 更能反映品牌间的差异性，满意度在不同企业间的差异较小。

　　NPS 的典型问法为"基于您使用 ×× 的体验，您向亲朋好友推荐 ×× 的可能性有多大？"并以 0 ~ 10 分量表衡量用户的推荐意愿。如图 7-2 所示，评价 0 ~ 6 分为贬损者，7 ~ 8 分为中立者，9 ~ 10 分为推荐者。NPS 则由推荐者占比减去贬损者占比所得。同时在评分后附加一道开放题，需要用户自行填写推荐 / 不推荐的原因，对该题的回答可用于后续 NPS 得分归因分析。

净推荐值(NPS)= (推荐者数/总样本数) x 100%-(批评者数/总样本数)x 100%

图7-2　NPS用户推荐意愿

　　虽然 NPS 仅有两道题，问法简单直接，能够快速获取用户评价，但 NPS 也有其局限性。除评分外，受题型限制，它更依赖用户主动提及自身在使用体验中关注的因素及问题；并且用户回答并不会遵循数据分析逻辑，因此在后续归因分析中可能出现数据缺失、维度错位、问题分散无法落实改进等情况。而若改为选择题则较难把握选项颗粒度，极易将问题泛化，导致执行困难。

因此，将 NPS 与 CSAT 结合使用，将是一个更为有效、易用的监测用户体验的指标体系。首先，可根据 NPS 与 CSAT 的关系，明确企业发展、产品迭代大方向：若 NPS 低而 CSAT 高可能预示着产品和服务本身能给用户带来的体验较好，但品牌或是产品模式丧失吸引力，无法有效推动用户向外传播，无法产生推荐动机和行为；NPS 高而 CSAT 低则可能预示着品牌力（如概念、模式）强劲，用户基于对产品的认可、喜爱、对自身特质的代表性等原因，愿意成为品牌的"自来水"，自发地产生推荐的动机与行为，但产品和服务仍存在使用上的痛点。其次，以 NPS 作为北极星指标，CSAT 作为可把握的迭代抓手，既可更加深入、多维地量化用户体验，同时能保持对特定关注因素的持续追踪。

（三）NPS 监测体系搭建

完整的 NPS 监测体系搭建与运行通常需要经历以下四个阶段，如图 7-3 所示。

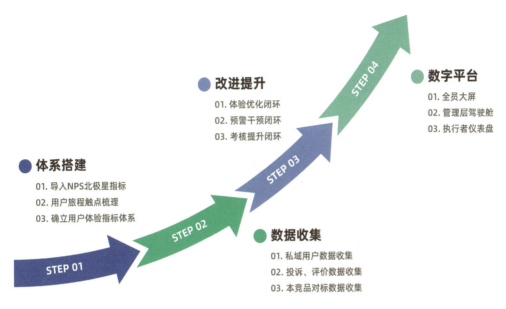

图7-3 NPS监测体系搭建与运行四阶段

在本次调研中，我们将聚焦前两个阶段，完成监测指标体系搭建，并收集第一期调研数据，为后续的改进提升、数字平台建设提供数据基础与评价基准。

1. 指标体系搭建

在搭建监测体系的过程中，首先，通过系统调查，拆分 C 端用户常用上课系统（产品 01、产品 02、产品 03、产品 04）所包含的主要功能维度，并汇总各功能下的问题清单；其次，结合近期产品、交互改版动向，调整监测指标并设立各维度下的提升点；最后，考虑到教培行业仍是以课程为主，服务为辅，系统为载体的产品形式，在监测体系中同样纳入了课程、服务及其细分维度的指标，完整用户学习体验环节，从而能从更为全面的视角总览并分析各指标的关联及影响程度。

在此基础上，完成 C 端用户 NPS 监测体系，如图 7-4 所示。

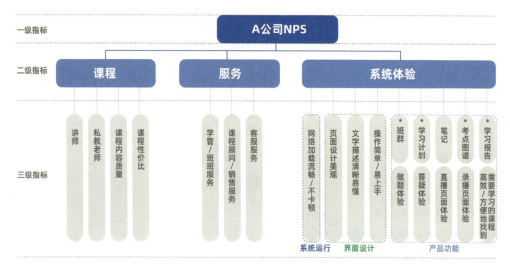

图7-4　C端用户NPS监测体系

2. 用户数据收集

本次调研使用定量问卷，通过 A 公司的 App 推送渠道及各业务线学管等方式，多渠道触达 A 公司 C 端在读用户。

投放时间为 2022 年 11 月 16 日—12 月 13 日。在该投放周期内，共回收 2602 份样本，清洗后剩余有效样本 1996 份（清洗规则包含逻辑错误、无法匹配后台数据、答题时间过短 / 过长等，同时为保证用户体验的准确性、及时性，数据分析仅选取 3 个月内使用过各学习系统的在读用户）。

基于以上，本次调研的有效样本分别来自以下业务部门，如图 7-5 所示。

业务线	项目一	项目二	项目三	项目四	项目五	项目六	其他
样本数	718	718	374	294	159	33	33
占比	36%	36%	19%	15%	8%	2%	11%

图7-5　调研样本所属业务线及占比

* 特别说明：本次调研中将使用 Kruskal 回归分析（Kruskal driver analysis）作为二 / 三级指标对上级指标影响权重的计算方法。该统计方法基于多个自变量和因变量做消除共线性的回归分析，得到多个自变量的权重，将系数百分比化，并且标准化到总数为 100%，得到各级指标之间的权重关系。

三、项目成果

（一）研究发现概要

本次调研结果将根据 NPS 监测体系，分模块进行用户体验 / 反馈的描述与分析。

调研结果发现：2021 年 Q4，A 公司在读用户 NPS 得分为 23%，其中项目五业务线 NPS 表现最高为 41%；课程体验中，讲师与内容质量得分最高。同时，结合重要性权重，这两个维度对用户 NPS 影响大，性价比的满意度表现最差；服务体验中，学管满意度得分为 4.46，高于销售与客服（4.28/4.37）。销售服务影响 NPS 权重较高但得分较低，亟待提升；用户对系统体验满意度打分为 4.36，对比其他系统，产品 04 得分较高为 4.38，产品 02 得分最低为 4.32；整体上，用户在 PC 端的体验满意度要高于移动端。

具体内容：

整体上，2022 年 Q4A 公司在读用户的 NPS 得分为 23%，各业务线 NPS

表现如图 7-6 所示，以项目五的 NPS 为最佳。用户给出相应 NPS 得分的原因分析。

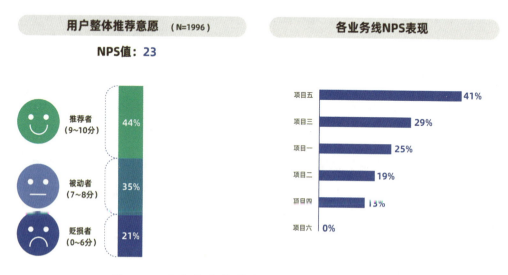

图7-6　用户整体推荐意愿及各业务线NPS表现

　　细分各维度对 NPS 的影响程度（重要性）后，发现讲师、课程内容质量是 A 公司的优势所在，而销售服务和产品性价比给用户带来的体验则有待提升；系统体验整体上对于用户 NPS 影响较小，更多作为一种基础性的必备需求，如图 7-7 所示。

	指标	满意度	重要性
课程	性价比	4.08	19%
	讲师	4.51	16%
	课程内容质量	4.46	14%
	私教	4.45	9%
	课程顾问/销售服务	4.28	14%
服务	学管/班班服务	4.46	11%
	客服服务	4.37	9%
系统	整体系统体验	4.36	8%

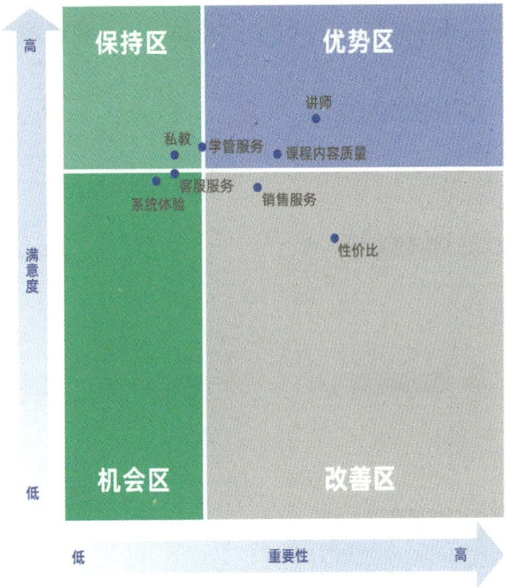

图7-7 影响满意度的维度分析

具体来看各维度的表现。

1. 课程体验满意度

总体上，课程体验中用户对讲师的满意度最高（4.51），课程性价比是用户认为最需要提升的维度，如图7-8所示。

项目一与项目五的各项得分均高于整体，项目一在私教上有所欠缺，项目二在私教和性价比上的得分都略低于整体表现。项目四与项目六作为新兴业务仍在发展阶段，课程体验的提升空间较大。

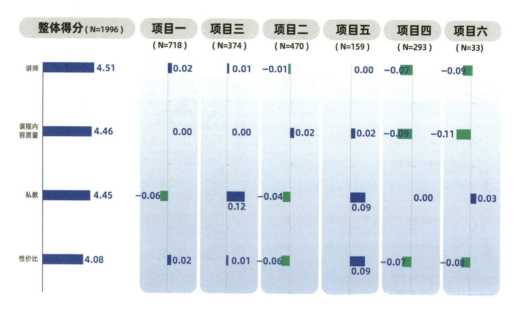

图7-8　各项目的课程体验满意度分析

通过细化用户在各个课程维度上的体验，可以发现：

在讲师方面，用户主要因其重难点讲解不够深入而产生不良体验。除此以外，有用户提到部分老师讲课能力不足、课程中内容讲错等问题，未来可进一步针对性地提升课程质量监控及自动化反馈收集功能，如图7-9所示。

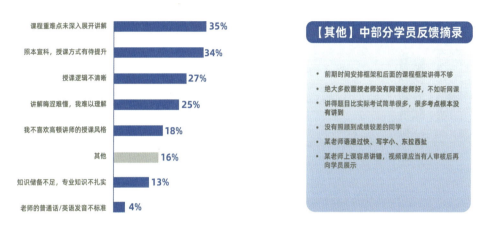

图7-9　用户对讲师不满意的原因

在私教方面，用户对私教服务整体满意度较高，相比之下私教预约过程仍有优化空间。不能选择私教老师、预约过程复杂都是用户的主要痛点，如图7-10所示。未来各业务线可根据学生的私教需求，适当调整老师排班。同时可从产品层降低系统操作难度，简化预约流程，为用户提供更便利、顺畅的使用体验。

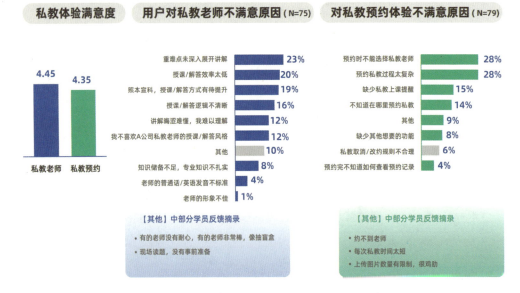

图7-10　用户对私教服务的满意度分析

2. 服务体验满意度

总体上，用户对学管服务满意度最佳（4.46），销售服务体验相对较差（4.28）。

项目五在与服务相关的 3 个维度的满意度均高于整体，项目六的学管服务满意度最低，而项目四的销售和客服服务得分最低，如图 7-11 所示。

图7-11　用户对各项目的学管服务满意度分析

在学管服务方面，超过半数用户对学管不满的原因在于缺少督促、提醒。认为在学管督促和提醒不足的用户中，除了没有课前提醒外，课前资料没有及时提供，对于较大的课程变化没有提前通知，导致用户部分视频无法观看，都影响了学生的学习体验。

沟通不够及时、积极也是影响用户体验的关键原因，即使学管对用户进行了主动沟通，部分也只是单纯地为了完成指标而进行电话回访，在打电话前并没有深入了解用户的情况；同时有用户反馈，在向学管咨询问题时，得到的答复非常敷衍，甚至被无视，如图7-12所示。

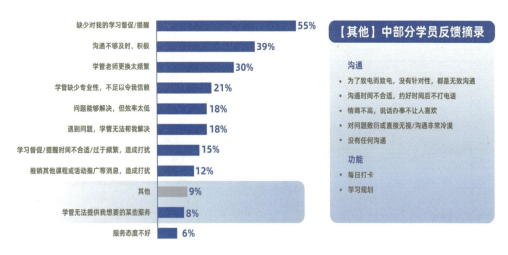

图7-12　用户对学管服务不满意的原因

在销售／客户服务方面，销售的沟通方式对用户造成打扰，客服无法解决问题是用户不满的主要原因。

对销售服务不满的用户中，超过半数认为销售的沟通目的性太强，对其造成打扰；同时也有23%的用户认为销售不能充分理解自己的需求。在报班后，部分用户反映销售在前期对于报班费用包含／未包含的项目有所隐瞒，之前的承诺没有实现等情况，且一些销售在成单后就消失。从用户的角度来说，销售和学管都是机构的工作人员，成单后也应当有后续跟进，或设立清晰的交接环节，帮助用户更顺利地过渡学习，如图7-13所示。

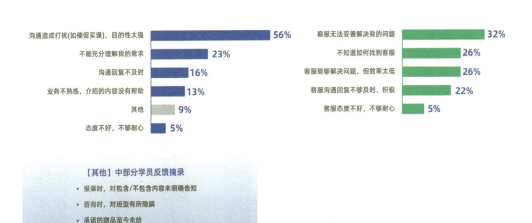

图7-13 用户对销售服务和客户服务不满意原因

3. 系统体验满意度

截至 2022 年 11 月 11 日，通过后台数据匹配，目前在读用户使用系统的情况如图 7-14 所示。后续数据分析与统计，均根据该数据表现进行加权处理。

	实际总在读学员数	统计总人数	产品01	产品02	产品03	产品04
在读人数（人）	780,500	1,126,172	232,679	416,322	54,224	422,947
占比	100%	144%	30%	43%	7%	54%

报名多个项目&同时使用多个系统的学员在每个项目中均分别进行了计数，故每个系统占比总和大于100%

图7-14 在读用户使用系统的情况分析

用户对 A 公司学习平台的整体满意度得分为 4.36，相比之下产品 02 得分最低，如图 7-15 所示。

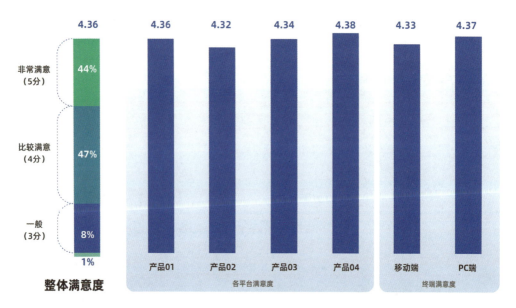

图7-15　用户对A公司各产品的整体满意度分析

整体上，设计得分最高，对系统运行和部分功能（如答疑、笔记等）满意度较低。产品 03 整体表现较好，多数指标均高于整体得分，如图 7-16 所示。

			产品01	产品02	产品03	产品05
系统运行	网络加载流畅,不卡顿	4.28	4.19	4.22	4.19	4.38
页面设计	页面设计美观	4.25	4.28	4.28	4.32	4.26
	文字信息描述清晰易懂	4.41	4.37	4.38	4.41	4.43
	操作简单、容易上手	4.39	4.37	4.36	4.40	4.40
平台功能	高效方便找到需要学习的课程内容	4.35	4.31	4.33	4.34	4.36
	做题体验	4.23	4.17	4.24	4.32	4.22
	智能答疑体验	4.14	4.18	4.25	4.28	3.96
	人工答疑体验	4.19	4.22	4.11	4.42	4.21
	实时观看直播课程体验	4.27	4.23	4.32	4.29	4.23
	观看录播课程/直播课程回放体验	4.30	4.31	4.28	4.34	4.29
	笔记体验	4.18	4.17	4.17	4.35	4.16

*红色表示高于整体得分;平台功能仅展示了共有部分

图7-16 用户对A公司各产品的具体满意度分析

为了区分各系统,分析具体系统满意度表现时发现:

(二)产品01体验满意度

产品01在界面设计上的得分最高,系统运行和部分功能(如做题、笔记、学习计划等)仍有待提升。

整体上,PC端在功能上的得分要优于移动端,但在系统运行上移动端表现更好,如图7-17所示。

图7-17　用户对产品01课程内容质量不满意的原因

重要性分析显示，网络加载流畅度对产品01用户体验的影响力强，但当下满意度较低，急需改善，如图7-18所示。

	指标	满意度	重要性
系统运行	网络加载流畅/不卡顿	4.22	10%
界面设计	页面设计美观	4.28	10%
	文字描述清晰易懂	4.38	5%
	操作简单/易上手	4.36	6%
产品功能	高效/方便地找到需要学习的课程	4.33	8%
	学习报告	4.20	9%
	做题体验	4.24	7%
	智能答疑	4.25	12%
	人工答疑	4.11	5%
	直播页面体验	4.32	5%
	录播页面体验	4.28	16%
	笔记	4.17	7%

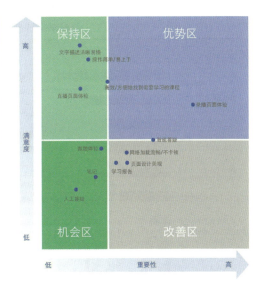

"数据根据实际情况已脱敏处理"

图7-18　产品01具体维度的满意度分析

细化用户在各个系统功能维度上的体验，可以发现：

在学习计划方面，超半数用户在使用学习计划时体验不佳，因为学习计划难以快速/灵活调整，不顾工作日/节假日区分的学习任务均匀派发过于死板；且会出现完成当日任务后，自动前置后续学习计划的情况。这打乱了用户的学习节奏，降低用户完成学习任务的成就感，用户体验急需提升。

相较于PC端（28%），移动端用户（43%）更希望加入提醒功能，如图7-19所示。

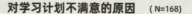

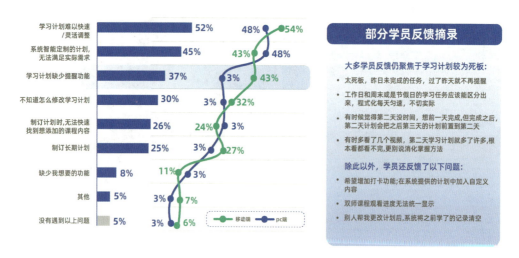

图7-19　对学习计划不满意的原因

　　在考点图谱方面，四成用户认为考点图谱难以准确判断自己对考点的掌握程度，丧失其功能价值；超三成用户认为不知如何查看、使用，需进一步提升该功能的易学性、可操作性，降低用户使用成本，如图7-20所示。

图7-20　对考点图谱不满意的原因

在学习报告方面，近四成用户认为学习报告提供的学习建议帮助不大，因此后续需要在汇总学习数据的基础上，提出更有针对性、可行性的建议与指导，完善学习报告功能。

除了短期学习情况统计外，用户还希望了解自己在更完整周期内的学习情况与变化对比，促进自身学习成长，如图 7-21 所示。

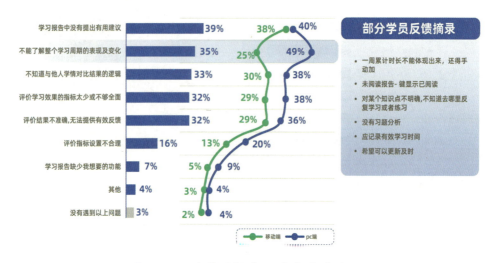

图7-21　对学习报告不满意的原因

　　在做题方面，做题记录不能链接到原课程内容，是用户做题体验不佳的主要原因。相较于移动端，PC端用户希望看到更全面的做题分析维度，如图7-22所示。

图7-22　对做题不满意的原因

在智能答疑方面，38%的用户认为智能答疑设置的关键词关联结果准确性有待提高，如图7-22所示。

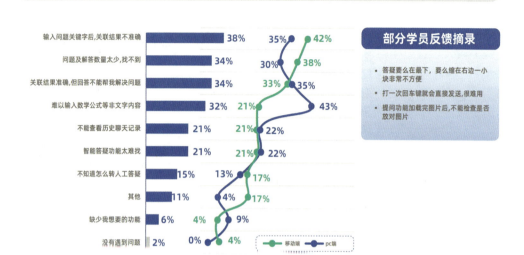

图7-23　对智能答疑不满意的原因

在人工答疑方面，用户对人工答疑的不满集中在其回答效率太低上，但产品功能也有一定的提升空间。增加提问时数学公式等非文字内容输入功能、搜索/筛选历史记录等，可以在产品层面提升用户体验感，如图 7-24 所示。

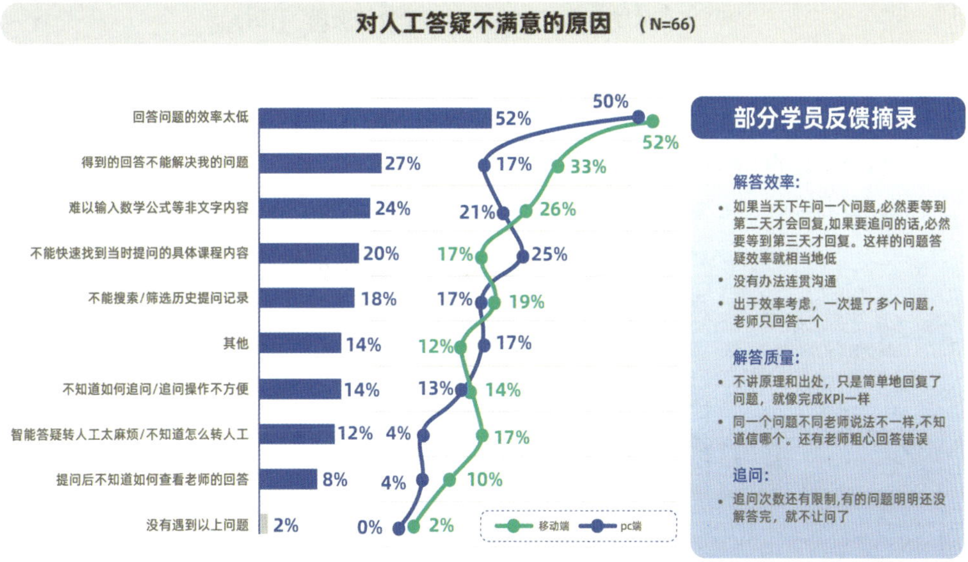

图7-24　对人工答疑不满意的原因

在观看实时直播方面，视频卡顿、不流畅是用户体验感较差的主要原因，如图 7-25 所示。

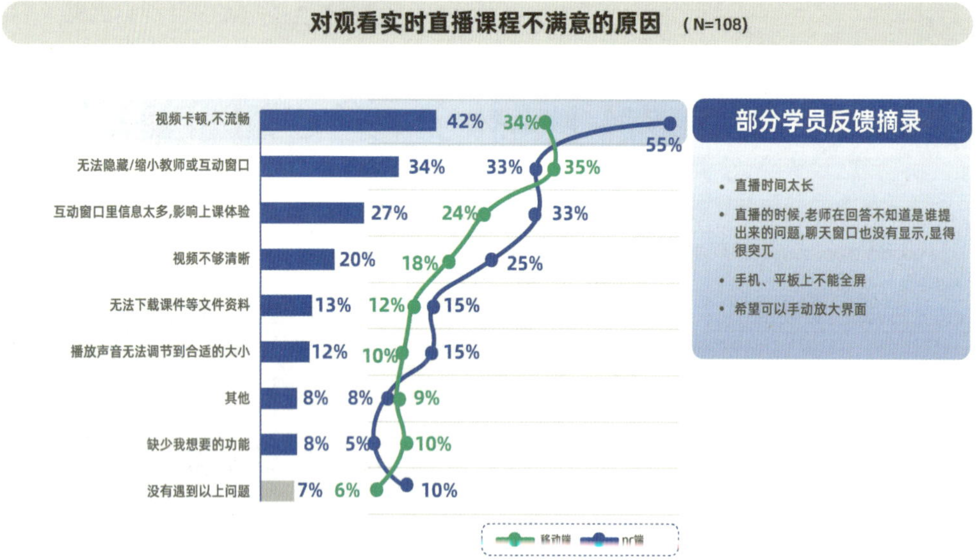

图7-25　对观看实时直播课程不满意的原因

相应地，在观看录播 / 回放课程方面，无法隐藏 / 缩小教师或互动窗口，是影响用户满意度的主要因素，如图 7-26 所示。

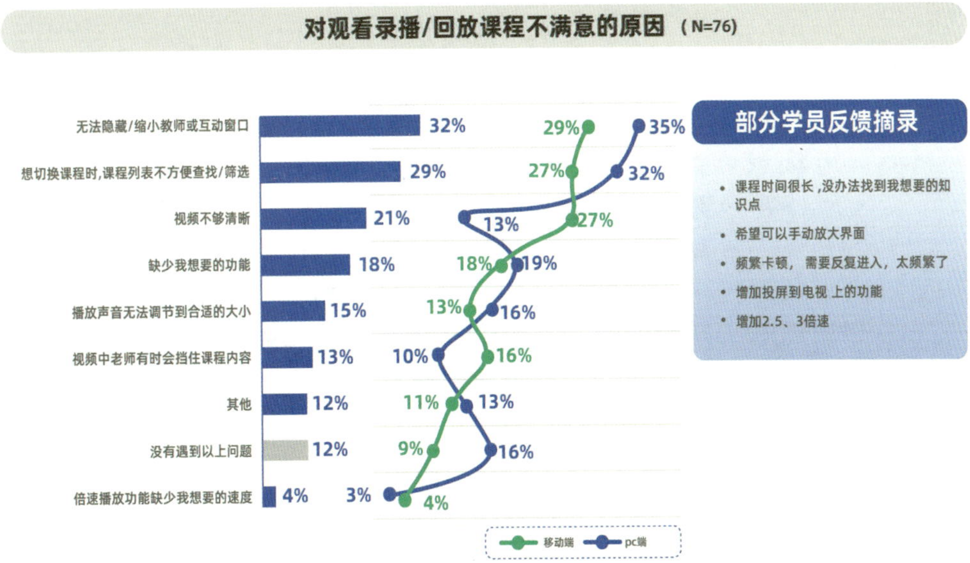

对观看录播/回放课程不满意的原因 (N=76)

原因	移动端	pc端
无法隐藏/缩小教师或互动窗口	29%	35% (32% 条形)
想切换课程时,课程列表不方便查找/筛选	27%	32% (29% 条形)
视频不够清晰	27%	13% (21% 条形)
缺少我想要的功能	18%	19% (18% 条形)
播放声音无法调节到合适的大小	13%	16% (15% 条形)
视频中老师有时会挡住课程内容	10%	16% (13% 条形)
其他	11%	13% (12% 条形)
没有遇到以上问题	9%	16% (12% 条形)
倍速播放功能缺少我想要的速度	3%	4% (4% 条形)

部分学员反馈摘录
- 课程时间很长,没办法找到我想要的知识点
- 希望可以手动放大界面
- 频繁卡顿,需要反复进入,太频繁了
- 增加投屏到电视上的功能
- 增加2.5、3倍速

图7-26　对观看录播/回放课程不满意的原因

在笔记方面,笔记的导出/下载、搜索、针对更多场景做笔记和记录非文字内容,是笔记需要重点优化的产品层问题。相较于 PC 端,移动端因不能针对练习/测试而不满的人群比例明显较高,如图 7-27 所示。

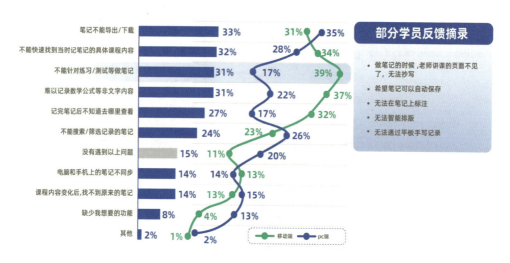

图7-27　对笔记不满意的原因

（三）产品 02 体验满意度

产品 02 的文字易懂与操作便捷维度得分最高；在 PC 端和移动端表现各有优势，没有显著差异，如图 7-28 所示。

图7-28　用户在产品02系统各维度上的满意度

　　各维度重要性分析显示，页面设计美观度、网络加载流畅度以及学习报告功能是未来产品 02 的主要优化点，如图 7-29 所示。

	指标	满意度	重要性
系统运行	网络加载流畅/不卡顿	4.22	10%
界面设计	页面设计美观	4.28	10%
	文字描述清晰易懂	4.38	5%
	操作简单/易上手	4.36	6%
产品功能	高效/方便地找到需要学习的课程	4.33	8%
	学习报告	4.20	9%
	做题体验	4.24	7%
	智能答疑	4.25	12%
	人工答疑	4.11	5%
	直播页面体验	4.32	5%
	录播页面体验	4.28	16%
	笔记	4.17	7%

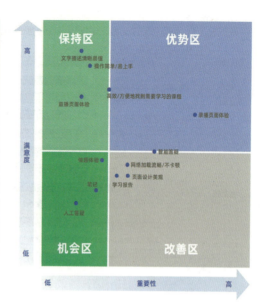

图7-29　产品02具体维度的满意度分析

细化用户在各个系统功能维度上的体验，可以发现：

在学习报告方面，学习报告在分析维度、结果准确性及建议帮助性上仍有较大的提升空间，如图 7-30 所示。

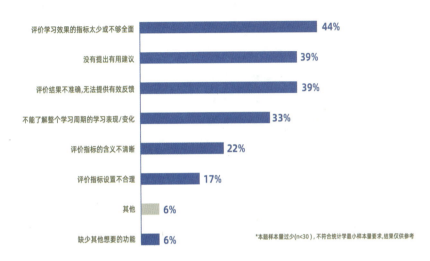

图7-30　对学习报告不满意的原因

　　在做题方面，增加错题搜索/筛选功能，同时帮助用户快速回到习题对应的原课程内容，是提升用户做题体验的重要抓手，如图7-31所示。

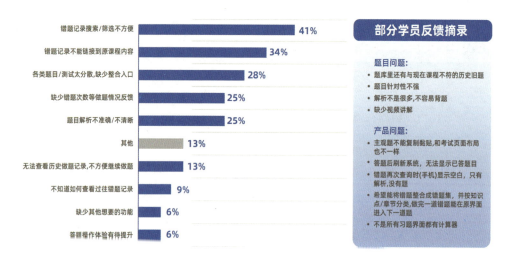

图7-31　对做题不满意的原因

　　在智能／人工答疑方面，未来可进一步提升智能答疑的搜索准确性、人工答疑操作的便捷性，如图7-32所示。

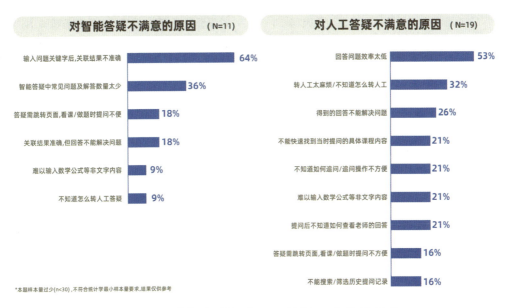

对智能答疑不满意的原因 (N=11)

输入问题关键字后，关联结果不准确　64%
智能答疑中常见问题及解答数量太少　36%
答疑需跳转页面，看课/做题时提问不便　18%
关联结果准确，但回答不能解决问题　18%
难以输入数学公式等非文字内容　9%
不知道怎么转人工答疑　9%

对人工答疑不满意的原因 (N=19)

回答问题效率太低　53%
转人工太麻烦/不知道怎么转人工　32%
得到的回答不能解决问题　26%
不能快速找到当时提问的具体课程内容　21%
不知道如何追问/追问操作不方便　21%
难以输入数学公式等非文字内容　21%
提问后不知道如何查看老师的回答　21%
答疑需跳转页面，看课/做题时提问不方便　16%
不能搜索/筛选历史提问记录　16%

*本题样本量过少(n<30),不符合统计学最小样本量要求,结果仅供参考

图7-32　对智能答疑和人工答疑不满意的原因

　　在观看实时/录播/回放方面，视频清晰度、流畅度是影响用户体验的主要因素。

　　观看实时直播课程时，用户更加在意视频的流畅度，从而获得更好的观看体验；对于视频清晰度的要求较低；而在观看录播/回放课程时，用户对视频清晰度的关注程度大幅提高（从12%升提到31%），如图7-34所示。

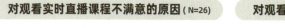

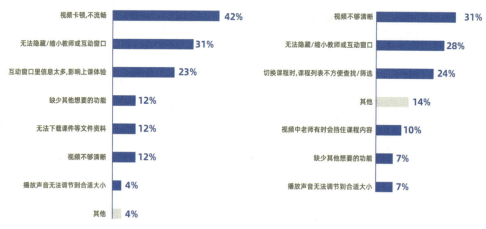

图7-33　对观看实时直播课程和录播/回放课程不满意的原因

在笔记方面，四成用户表示需要笔记导出/下载功能，目前的笔记内容不方便查看/修改，如图7-34所示。

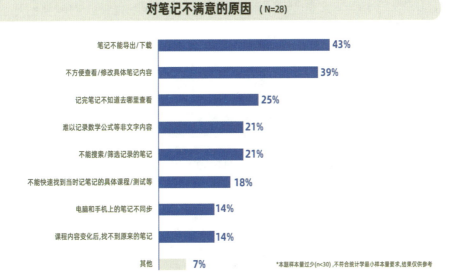

对笔记不满意的原因 （N=28）

原因	百分比
笔记不能导出/下载	43%
不方便查看/修改具体笔记内容	39%
记完笔记不知道去哪里查看	25%
难以记录数学公式等非文字内容	21%
不能搜索/筛选记录的笔记	21%
不能快速找到当时记笔记的具体课程/测试等	18%
电脑和手机上的笔记不同步	14%
课程内容变化后，找不到原来的笔记	14%
其他	7%

*本题样本量过少(n<30)，不符合统计学最小样本量要求，结果仅供参考

图7-34　对笔记不满意的原因

（四）产品03体验满意度

在产品03功能层面，网络流畅度和班群功能仍有待加强。相较于PC端，移动端在系统运行稳定度、页面美观度、文字信息描述清晰易懂程度，以及系统大部分功能上的用户满意度显著较低，如图7-35所示。

图7-35　用户在产品03各维度上的满意度

重要性分析显示,网络加载流畅度对产品03整体满意度的影响程度最高,但目前满意度较低,未来急需提高用户满意度,如图7-36所示。

	指标	满意度	重要性
系统运行	网络加载流畅/不卡顿	4.19	12%
	页面设计美观	4.32	11%
界面设计	文字描述清晰易懂	4.41	8%
	操作简单/易上手	4.40	7%
	高效方便地找到需要学习的课程	4.34	10%
	班群	4.20	8%
	学习计划	4.38	4%
	考点图谱	4.46	4%
	学习报告	4.41	6%
产品功能	做题体验	4.32	8%
	智能答疑	4.28	3%
	人工答疑	4.42	5%
	直播页面体验	4.29	5%
	录播页面体验	4.34	5%
	笔记	4.35	4%

图7-36　产品03各维度的满意度分析

细化用户在各个系统功能维度上的体验，可以发现：

在班群方面，加强班群活跃度运营，是提升用户对班群体验的重要抓手，如图 7-37 所示。

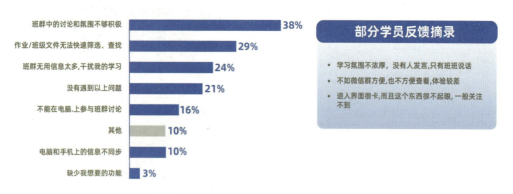

图7-37　对班群不满意的原因

在学习计划方面，系统定制的学习计划不能满足用户需求，而手动制定/调整在操作上又不方便。

45%的用户重视学习计划的提醒功能，未来可考虑开发此功能，如图7-38所示。

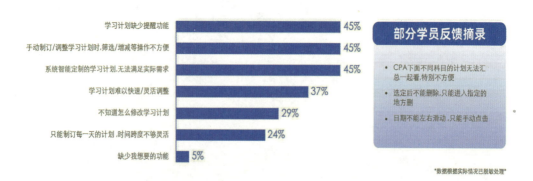

图7-38　对学习计划不满意的原因

在考点图谱方面，近六成用户认为考点图谱提出的建议略显空泛。半数用户希望在考点掌握程度的基础上，增加考点重难点的维度，促进学习提升，如图7-39所示。

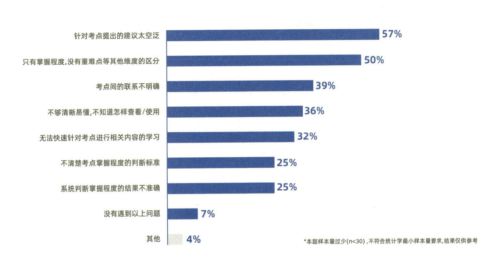

图7-39　对考点图谱不满意的原因

在学习报告方面，目前学习报告以周报的形式呈现，近五成用户无法从中了解自己在整个学习周期中的学习表现及变化，未来可提供更多时间维度（月/季/年）的学习报告以便用户追踪比较，更有针对性地学习和复习。

同时，学习报告的评价结果准确性有待提高，如图7-40所示。

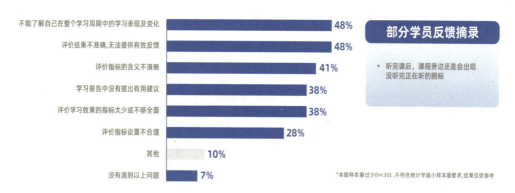

图7-40　对学习报告不满意的原因

在做题方面，做题记录不方便筛选/搜索，是用户对做题体验不满的主要原因，如图7-41所示。

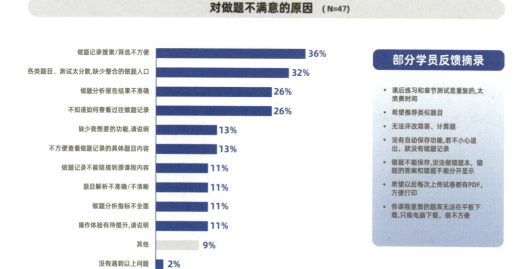

图7-41　对做题不满意的原因

在智能 / 人工答疑方面，智能答疑过往问题及解答数量太少、人工答疑效果和效率不好，是影响用户体验的主要因素，如图 7-42 所示。

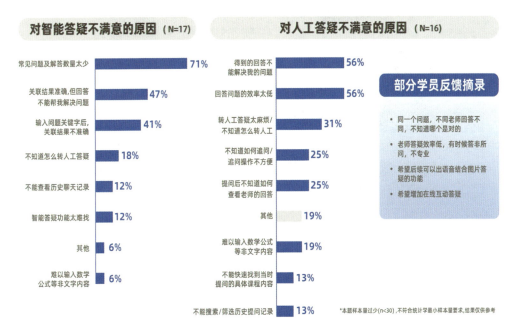

图7-42　对智能答疑和人工答疑不满意的原因

在观看实时 / 录播 / 回放方面，用户在意直播课程的视频流畅度，关注录播课程的课程列表是否具有易筛选、易查找性。

无论观看哪种形式的课程，无法隐藏 / 缩小教师或互动窗口均是用户较为关注的问题，如图 7-43 所示。

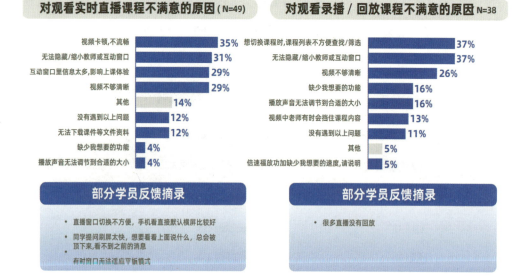

图7-43　对观看实时直播课程和录播/回放课程不满意的原因

　　在笔记方面，超四成用户期望能快速找到记笔记的具体课程内容，如图7-44所示。

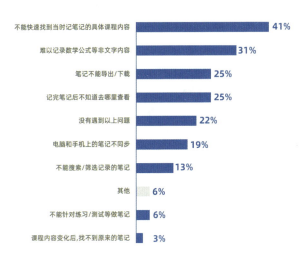

图7-44 对笔记不满意的原因

（五）产品04体验满意度

产品04的系统表现较好，PC端在文字信息、易操作性和高效找到课程内容维度上表现更佳，如图7-45所示。

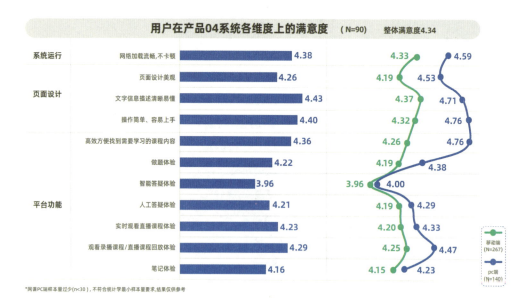

图7-45　用户在产品04各维度上的满意度

　　智能答疑、直播页面体验和做题体验对产品04整体满意度的影响力最大，但满意度较低，未来急需完善，如图7-46所示。

	指标	满意度	重要性
系统运行	网络加载流畅/不卡顿	4.38	5%
	页面设计美观	4.26	7%
界面设计	文字描述清晰易懂	4.43	7%
	操作简单/易上手	4.40	8%
	高效方便地找到需要学习的课程	4.36	8%
	做题体验	4.22	11%
	智能答疑	3.96	24%
产品功能	人工答疑	4.21	4%
	直播页面体验	4.22	12%
	录播页面体验	4.29	7%
	笔记	4.16	7%

图7-46　产品04各维度的满意度分析

　　细化用户在各个系统功能维度上的体验，可以发现：在智能答疑方面，用户认为目前的智能答疑不够智能，信息量少，如图7-47所示。

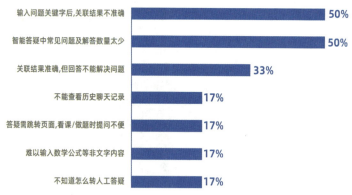

图7-47　对智能答疑不满意的原因

　　在笔记方面，导致用户体验不佳的主要原因是笔记无法导出 / 下载，不方便查看 / 修改具体内容，如图 7-48 所示。

图7-48　对笔记不满意的原因

在做题方面，不方便查看做题记录的具体题目内容，是用户不满意的主要原因，如图 7-49 所示。

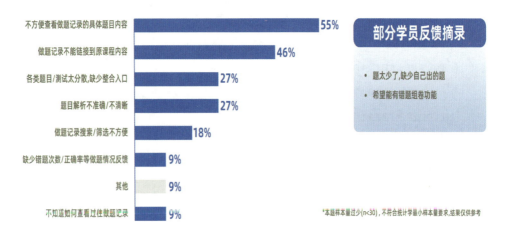

图7-49　对做题不满意的原因

　　在观看实时 / 录播 / 回放方面，用户反馈直播视频流畅度需提升，录播回放可关注清晰度的优化，如图 7-50 所示。

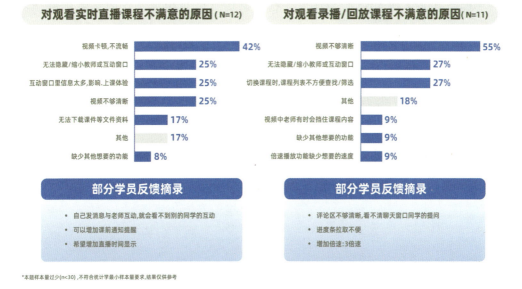

图7-50　对观看实时直播课程和录播/回放课程不满意的原因

四、项目后续跟进

调研结果共享：上述调研结果在公司内部进行了大范围分享，并针对各系统及下级功能具体的用户体验表现进行了探讨，确保认知结果的一致性。调研结果受到部门负责人、产品经理、交互设计师等多方认可与讨论，并提出进一步调研需求。

产品化推进：调研结果已交付产品经理及交互设计师，计划将NPS打分嵌入用户使用流程中的各个固定节点，定期收集用户反馈，监测用户体验。

后续调研方向包括以下几个方面内容。

学习计划专项调研：通过一对一用户深度访谈，并结合学管回访记录，了解学生在进行考试/考证准备时的相关行为及需求。帮助产品深度理解用户制订学习计划的习惯、动机、需求、痛点等，从而为提升用户完课率、学习计划功能使用体验度等提供决策参考。

搭建各业务线 NPS 监测体系：依据各业务线具体课程、服务等维度的现状、未来发展方向及需求，搭建贴合业务的 NPS 监测体系。帮助各业务实现动态监测、收集用户反馈，及时更新、改进、迭代课程产品，提升学管、销售等职能岗位的服务水平，进一步提高用户的使用体验、完课率、复购率及推荐意愿等。

未来还可针对需要深度探究的系统功能等进行快速调研，完善 NPS 监测逻辑闭环（如可用性测试等）。

第二节　NPS用户画像

在 NPS 表现中，推荐者更多是 31 ~ 40 岁的在职用户，居住于三线城市；包含的 18 ~ 25 岁在读学生人数比例明显低于被动者和贬损者；被动者和贬损者在人口学表现上不存在显著差异，如图 7-51 所示。

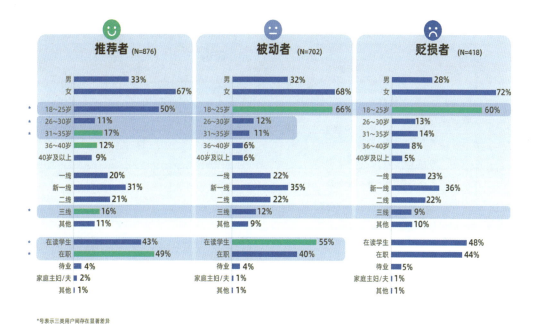

*号表示三类用户间存在显著差异

图7-51　NPS用户画像

一、部分用户反馈汇总

推荐者："您很愿意推荐 A 公司的主要原因是什么？"，推荐用户反馈内容如表 7-1 所示。

表 7-1　部分推荐用户反馈内容汇总

类型		用户原语
课程	课程质量	系统性学习，体系逻辑感好
		课程安排照顾小白级别，有基础系统知识安排
		实操性强，理论与实际融合度高
	课程类型	课程安排合理，有冲刺考前串讲
		从预科班精讲班到冲刺，循序渐进，让每个人都可以找到合适的学习步伐，挺好的
	学习资料	习题精简，利于掌握
		题库内容齐全，做题方便

续表

类型		用户原语
师资	教学能力	老师负责而且能以简单的讲法讲明白知识点，而不是只会读教材，此处特指中级经济师教经济基础的张老师
		老师讲课重点突出，好理解，考点把握准确
		老师讲课易懂，还会教导学习方法、技巧等
	教学风格	老师讲课风趣幽默
		授课老师博学又耐心
	师资背景	老师履历丰富
	双师制	课程有多个老师的录播课，可以依个人需要调换
服务		有需求可以和学管老师沟通，一般都能满意
		学管会十分负责任的监督我打卡。因为我的基础非常差，老师会特别留意我，嘱咐我不会明白的一定要找她去解答疑惑
		考试信息更新得很及时，给予的政策解读很清晰明了
软件使用		课程设置包括软件使用都很棒，还方便，可以统计自己的学习进程
性价比		性价比高，老师讲得好，班班很贴心，学习过程很温暖
		服务与教学质量都很好，性价比高
品牌口碑		机构专业正规
		是国内最好的金融学院
		学校实力强，有保障
		在考有关经济这方面证书，师资力量都有所保障
福利优惠		有转推荐金
过往成功经验		成功考取初级会计职称
		因为我都考过了，而且是一次性考过的

被动者："在哪些方面做出改善会让您更愿意推荐？"，被动用户反馈内容如表 7-2 所示。

表 7-2　部分被动用户反馈内容汇总

类型		用户原语
课程	课程质量	课程设计得有些不合理，缺少针对性
		老师都很不错，平台也很负责，但是在课程体验上有些不满意
	课程形式	老师讲的很好，不过课程主要是录播形式
	时间安排	直播课赶不上，时间不对
		时间安排上对于上班族来说，太紧张了
	课程时长	课程进度太慢，可以削减预科的时间
		讲的还不错，模考题也不错，缺点是三个小时的课强度过大，容易消化不良
	学习资料	题库题目乱七八糟，答案错误多，更新不及时
师资		老师讲得仔细，但希望老师能把些专业词用中文翻译下
		在考研方面的师资还可以继续强化
		授课老师的选择太少
		老师专业度水平不够，但老师态度还行
服务	学管	主讲老师专业素质过硬，但学管老师形同虚设
		报名前积极联系，回访，天天发信息。报名后第二天所有联系过的人像消失了一样无声无息，有点可怕
		希望能多关心一些学生的内心想法和未来发展的指导
		课程不错，就是考研方面在院校推荐环节不太细节
	销售	不喜欢电话骚扰和贩卖焦虑的推销方式
	缺少服务	出的 3 万多元的价格，但获得的服务很少，与宣传不符
		听录播课有困难不知道该找谁解决
软件使用		设置和排版很不方便复习和课后学习，界面太杂乱了，希望按科目分类,按视频学习顺序排好
		APP 可不可以设置看视频的时候实时时间功能，每次看时间都要点出去看
性价比		价格虚高
		服务态度很好但费用性价比不高，一般人难接受
福利优惠		销售对一个学生卡着搞不定，叫我去帮忙，我作为当时班长拉着同学谈,让他加入,最后却说我按照规定只能拿到 400 元提成但问题是大部分力都是我出的，我不是很开心。大大地削弱了我推广的兴趣
		老会员再买课程优惠不大，咸鱼有录播课程

贬损者："您不愿意推荐 A 公司的主要原因是什么？"，贬损用户反馈内容如表 7-3 所示。

表 7-3　部分贬损用户反馈内容汇总

类型		用户原语
课程	课程质量	课程太差了，和之前入学的说法不一样
		与其他网校相比，审计课程举例较少，对非审计专业学生来说，有些晦涩难懂
		正课视频错误多，且无勘误总结视频，需要自己问
	课程形式	都是录播课程，直播课程更有利于学生提问和老师解答。做题解答基本，上都是文字，不太容易理解，有视频会更好
	课程设置	课程设置不合理。比如数学，有的地方没有讲完，在模考里面讲；还有有的课时太少
		直播课程安排没有复习课，习题课，之前搞的习题课搞了几节又不搞了。根本就没有规划好，搞了冲刺阶段很赶，不够循序渐进
		课程要求越来越多，一开始私播课重修跟新班，现在重修只给回放。"开始私播课1v1 辅导无要求，现在要求学生自己做大量功课。课程要求对学员越来越不利
	学习资料	课程挺好的，但是题太少了
		线上的课后练习题和章节测试题目重复出现，没有意义，浪费时间。增加学习负担。如果是重点，可以进行标记和提示，没必要重复让学生点击刷题
		各种教材需要自己打印，很不方便，建议出教材
		录播课后面的习题货不对板，放的是没学习的章节内容，又或者答案解析错误，这些不是一点且好多点
师资		老师授课重点和考试内容相差太远
		老师出身名校，有多年教学经验。但是，很多老师的授课风格一成不变，不太适合新时代的年轻人
		教学水平参差不齐，不值
		觉得老师没有把学科历史融入课程中，这不便于学生理解为什么要这样算的

续表

类型		用户原语
服务	学管	学管更换太频繁没有安全感
		学管老师管的学生太多了，每个学生给予的关注度不高，且没有时间提升自己以更好的为学生服务
		学管老师算是付费特色之一吧，督学和学习规划作用没有体现出来，实际的服务项目跟报名时的列表还是有很大出入的
		已经换了无数个学管了，质量参差不齐，得跟每个学管重新交代一遍自己的情况，难道这不是交接工作该负责的吗？服务真的很差
		学管有的时候不够负责，课都上完了才给我们推链接，回消息不及时，说是打电话关心，其实是推销产品
	答疑	答疑平台的答题老师水平太差，态度敷衍，已经反馈过无数次，还是没改
		提问问题答疑太慢，感觉也不像宣传所说的名师指导
	缺少服务	交钱有两个礼拜了，还没有班级群
		当初报名看中的班级群每天的学习互动形式全没了，班级群变成了摆设
性价比		课程很好，但是价格也很贵，价格远高于市面价格
		性价比不高，网课其实录完没增加一个学生的额外成本，但收费还是贵
		直播课只有一次机会，后续只能上直播的回放课，直播课这种模式不值这个价格
退费问题		本来报了个面授班，交的是面授班的费用，结果因为疫情影响，现在都没有上面授，都是网课，具体怎么弥补这个费用问题，希望能给个具体的方案
		霸王条款，课都没开，凭什么退课就扣百分之二十费用
他人原因		学费高，报名的人需要有一定的学习基础
		我的圈子里要想学习的人不多
		就业都这么卷了，不想培养竞争对手

二、整体样本概况

整体样本概况如图 7-52 所示。

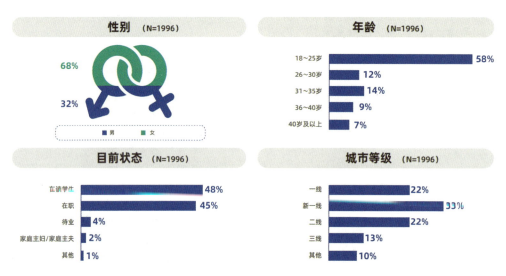

图7-52　调研用户整体样本概况

第三节　B端体验监测

一、项目背景

无论一家企业的规模、性质如何，在企业与用户交互中，每一个触点都离不开员工积极地创造体验价值，来带给用户更好的感受。不同于传统行业，也不同于纯线上行业，A 公司是一所结合了线上与线下两种模式的教育机构，且不说不同的职能岗位，即使是相同职能的员工所面对的工作场景也可能有较大差异。

在前文中提到，A 公司用户的体验感受极大程度地依赖于系统的支持。这里不仅包括他们平时直接接触到的 C 端产品，即交付课程产品的学习系统，还包括学员并未接触到的各类系统，这些系统不仅能够帮助提升员工与学员的沟通效率，也在服务的交付中起到了至关重要的作用。

基于以上原因，我们依旧从用户的角度出发，梳理其在整个用户旅程中的触点，找到了几个最为关键的岗位：销售、学管以及教师。这三个岗位是所有岗位中与用户最直接产生互动的，同时是沟通最频繁的。他们的工作状态直接影响交付质量，决定了企业在前端市场的表现，也决定着企业能否最终取得成功，而他们的工作状态，很大一部分与日常的系统使用紧密相关。

二、项目推进

（一）研究的目的、内容与方法

通过定期量化 B 端员工的主观体验（满意度），建立体系化、标准化，且具有数据代表性的监测体系。实现产品、研发、设计等核心工作效果有反馈、可溯源。

在设计调研方案最初遇到了些许挑战，原本我们计划像 C 端一样，以系统的维度设计该调研项目，但在与几位员工沟通后，我们发现虽然销售、学管、教师的职能划分相对清晰，但在实际的系统使用时，不同岗位会用到相同的系统，甚至有时会使用相同的功能。如学管主要会使用教务系统，但在遇到转推荐时，学管也会使用后台系统查询线索情况。老师的情况则更复杂一些，部分老师会使用教务系统，同时会从教务系统跳转至教研系统，而另一部分老师又会通过产品 08 使用各系统，他们甚至对于教研系统、教务系统无法区分，如图 7-53 所示。

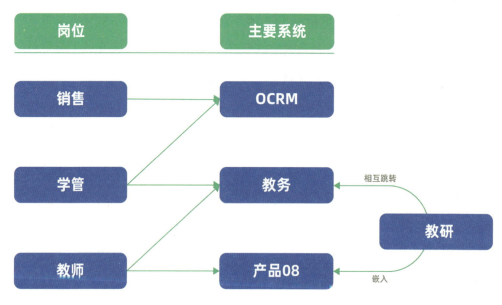

图7-53　不同岗位用户使用的主要系统

在权衡了各种因素后，我们决定以岗位为切入点，根据每个角色日常使用的使用场景、对应的系统功能进行研究，不再按照系统维度区分。

注：截至本报告产出的时间点，目前已经完成销售和教师岗位的系统体验调研。

（二）研究方法

由于 A 公司的业务线种类较多，且彼此之间较为独立，因此在搭建指标体系前，我们与主要业务线的教师进行了一对一访谈，除了解各业务线教师的系统使用情况外，还能更深入地理解教师日常的工作场景。由于此次调研的主要系统均为 A 公司自主研发系统，且在现有工作中并无可替代产品选项，因此对于员工的调研我们不使用 NPS，而是使用满意度量表作为衡量用户体验的指标，搭建 B 端产品的用户体验检测体系，满意度量表与 CSAT 使用原理相同，此处不再赘述。

（三）监测体系搭建

1. 教师端

（1）指标体系搭建

在搭建教师的系统使用监测体系的过程中，首先，通过与教师的访谈，了解教师的工作类型，分别为讲师以及学术老师；其次，对于讲师以及学术老师的工作内容做进一步了解，明确其会使用到的系统以及主要功能，并汇总一个功能线下的问题清单。其中，对直播系统进行拆分（直播系统 CL1、直播系统 CL2、直播系统 PS1、直播系统 PS2）；最后，由于老师在工作中使用到多个系统，我们在与老师的交流过程中发现有一些问题无法通过单个系统得到解决，因此，还加入了更偏整体性的维度指标，帮助产品团队从更全面的角度理解系统与教师的关系，如图 7-54 所示。

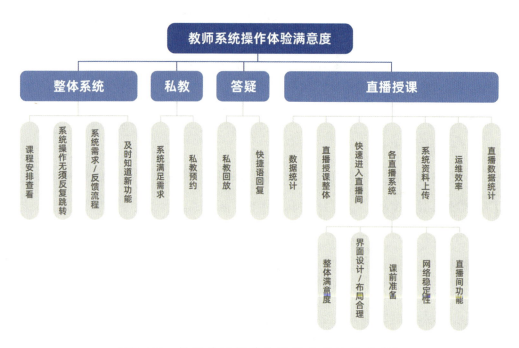

图7-54　教师系统操作体验满意度的维度指标

（2）用户数据收集

本次调研使用定量问卷，通过邮件形式邀请所有教师匿名参与调研，投放时间为 2021 年 12 月 23—28 日。在该投放周期内，共回收 98 份有效样本。基于以上，本次调研的有效样本分别来自以下业务部门，如图 7-55 所示。

业务线	项目六	项目三	项目四	项目二	项目一	项目五	其他
样本数	31	21	18	13	7	2	6
占比	32%	21%	18%	13%	7%	2%	6%

图7-55　调研样本的业务线分布

2.销售端

（1）指标体系搭建

在搭建销售的系统使用监测体系的过程中，首先，通过访谈销售运营，了解 A 公司销售体系划分为直销销售和分销销售，两者的组织架构完全独立，日常工作内容和系统使用场景有较大不同。基于当前系统的迭代方向和发展现状，优先调研直销岗位的软件使用体验；其次，通过访谈直销各业务线销售，了解各级别销售、电话销售和社群运营销售的主要工作内容和关键工作考核，明晰其主要使用到的系统功能，汇总形成后台系统细分功能的问题清单。根据系统功能划分和细分功能的使用目标，拆分出二三级指标，并根据各销售职级的主要工作职责和业务流程，梳理出适用于基层销售和销售领导的系统体验指标；最后，除系统具体功能外，还加入更偏整体性的维度指标，帮助产品团队更全面地提高销售岗位的软件使用体验。

基于以上，完成直销岗位的后台系统体验监测指标体系，如图 7-56 所示。

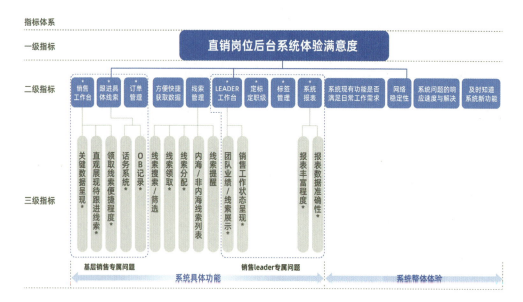

图7-56　直销岗位后台系统体验满意度指标

（2）用户数据收集

本次调研使用定量问卷，通过系统推送和销售运营侧，邀请所有直销销售匿名参与调研，投放时间为2022年3月15日—4月19日。在该投放周期内，共回收样本290份，清洗后剩余有效样本177份（清洗规则包含逻辑无法匹配、答题时间过短等）。在本次调研的有效样本中，基层销售（一线销售、销售储备主管、销售主管）占比81%，销售领导（销售经理、销售总监及以上）占比19%。

三、项目成果

分别呈现退费前后的业绩情况及趋势。部分业务线存在退费较为集中的月份，但领导工作台中的业绩趋势图中未做出区分，不方便销售领导掌握团队实际业绩数据及趋势。

展示直属小团队间的业绩完成情况或排名，及每一位基层销售的对应数据。目前在领导工作台中能看到排名前三名的大团队业绩，由于项目客单价不同、分校／直销团队情况不同、各团队人员配置不同等，受访销售领导表示此部分数据的可参考价值不大。此外，相较于各大团队间的业绩排名，大部分销售领导更关注直属小团队间的业绩及排名、每一位基层销售的对应数据。目前销售工作台和领导工作台都未呈现相关内容，领导需通过报表查看业绩数据，并复制至 Excel 中通过排序来查看排名情况，步骤烦琐。

为了数据脱敏，相关 B 端研究已全部删除！

四、项目后续跟进

调研结果共享：上述调研结果与所有相关的产品经验进行了分享，确保对于问题认识的一致性。

产品优化推进：将报告中所有的问题以 Excel 形式交付给产品经理，追踪后续执行情况。

未来还会针对各职能岗位的系统操作做进一步追踪，帮助员工发现在使用中的痛点，增强其工作体验感，进一步提升工作效率。

第八章　品牌分析

第一节　教育培训市场的发展趋势

一、受到终身教育理念和行业政策影响，教育培训市场整体呈现"供需两头热"的特征

（一）从需求端看，各类人群对知识的诉求正在不断增强，对能获得自我成长的内容与日俱增

20～49岁年龄段是职业教育培训的核心人群，能够参与到职业教育的绝大多数赛道，国家统计局数据显示2023年该类人口占比约25%。在泛互联网的环境下，各类岗位的职能边界逐渐模糊，行业格局、商业模式、业务逻辑和模型不断升级，对职业能力和技能需求变得更加复合化。未来超过了可以依据现有知识进行预测的范畴，过去可以依赖的学习、工作系统都在失效。这批人群逐渐意识到，在快速流变的今天，只有主动并持续增加知识技能，才能在风险与风口叠加到来的时代不被淘汰。

此外，随着"终身教育"的理念被逐步普及，教育培训的潜在用户年龄段不断扩大。20岁以下人群越发重视除本学科以外的教育，年青一代开始寻求额外的知识辅导，帮助思考何为职业、拓展对生涯的思考。中国人口老龄化加剧，50岁以上人群数量和占比不断攀升，拥有较多空闲时间的老年群体正努力寻找满足个人爱好、充实业余生活的生活方式，银发一族的学习需求初见端倪。

所以今天能够看见，视频和音频行业泛知识内容的播放数据及热度数据呈现明显增长的趋势，得到、喜马拉雅、知乎 live 等知识付费平台持续火爆，付费长知识成为趋势。大众与专业知识的次元壁正以奇特的方式被迅速打通，为获得差异化竞争力与更灵活的应变能力，考证热潮持续进行，知识与技能成为处于学业、职业迷茫期的人群面对高速发展的社会时，调整职业轨迹、提升核心竞争力的主推工具。银发一族逐渐走进老年大学、线上课堂，丰富内心世界、享受退休生活。

（二）从供给端看，K12 巨头和互联网公司转型成人教育赛道，行业竞争将越发激烈

自 2019 年，部分教育培训企业就开始采取行动，新增、整合或升级旗下成人教育业务，开启相应战略布局，具体方式有成立独立的成人教育事业部门，推出成人教育子品牌，上线成人教育课程服务产品，或投资中小成人教育机构，与其他企业或平台开展合作等，逐渐投入更多资源加以开发运营，逐渐提升该赛道在企业战略上的重要性，如图 8-1 所示。

图8-1　部分企业在成人教育领域的布局措施

　　"双减"政策落地后，头部 K12 教育品牌纷纷转型至成人教育赛道。好未来发布轻舟品牌，宣布进军成人职业教育培训；X 公司宣布未来将拓展计算机等级考试、司法考试等培训领域；T 公司宣布将着重发力素质教育和成人教育，探索职业教育培训和智能数字化产品。互联网企业也纷纷进入职业教育领域。字节跳动旗下巨量引擎推出数字化职业教育培训品牌"巨量学"；网易云课程发力数字技能培训，尝试打通职业教育培训"人才培养 + 输送"闭环；知乎推出成人职业教育"知学堂"，提供考研、留学、职场提升等培训，打造在线教育。

　　叠加原本的竞争对手，可以预计未来教育培训的行业竞争将越发激烈。

二、营销活动倾向于快速见效，但边际收益递减

　　中国经济快速发展，企业营销手段也日渐丰富，跨界联名、盲盒营销、IP

营销、直播带货、私域营销、KOC营销、造节造梗等营销玩法逐渐出现，在互联网的加持下，迭代速度越来越快，令人目不暇接。但近年中国经济的增长步伐开始回归正常，进入新常态，且随着各教育机构在不同营销渠道的深耕，消费者对于职业教育机构的信息获取渠道也变得相对固定，更加集中在短视频、微信、微博、小红书这类社交媒体中，如图8-2所示。

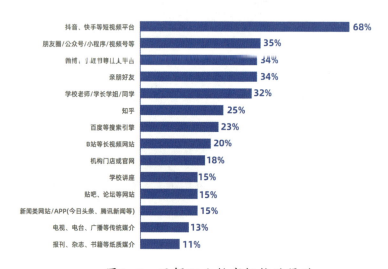

了解职业教育机构的渠道

渠道	百分比
抖音、快手等短视频平台	68%
朋友圈/公众号/小程序/视频号等	35%
微博、门户等媒介平台	34%
亲朋好友	34%
学校老师/学长学姐/同学	32%
知乎	25%
百度等搜索引擎	23%
B站等长视频网站	20%
机构门店或官网	18%
学校讲座	15%
贴吧、论坛等网站	15%
新闻类网站/APP(今日头条、腾讯新闻等)	15%
电视、电台、广播等传统媒介	13%
报刊、杂志、书籍等纸质媒介	11%

图8-2　了解职业教育机构的渠道

流量红利逐渐见底，企业发展放缓。为继续抢占流量，延续用户和业绩的双增长，企业倾向于要求营销活动立刻有流量、立即有效果。营销人员只能更专注在短期的效益上，越来越被能立即看见成效的业绩数字追着跑。于是，营销越来越聚焦刺激短期效果、什么有效玩什么的战术性打法。但逐渐地各大企业会发现，营销活动存在一次性问题，营销宣传各个精彩，但除了Logo以外，放在一起看不出彼此的关联性，在消费者心中未形成累积的好感与认知，每年还需重新反复建设；多种营销方案齐上阵，但效果逐渐达不到预期，营销活动的边际收益递减。

三、品牌成就无惧风浪的增长力

目前，教育培训企业面对的是逐渐见底的流量红利、愈加激烈的行业竞争、越发同质化的产品。除了数字化和国家政策带来的冲击外，疫情也对行业格局和人们的学习习惯造成深远的影响。面对万千变化，人人都在问同一个问题：接下来该怎么做，企业才能立于不败之地？品牌，是其中一个非常重要的答案。

（一）品牌提高营销活动的记忆效率，降低营销成本

消费者对营销内容的记忆成本、识别成本和传播成本是决定企业营销成本的关键。当企业花费大量金钱在做营销推广，消费者没有形成印象更别说购买，此时营销成本达到最高。因此如何让消费者对企业的认知与企业希望打造的品牌形象保持一致，同时提高消费者对营销活动的记忆程度，成为降低营销成本的关键。从图 8-3 中可以看到，每个教育机构在不同维度上很难都做到行业最高的水平，这时候就需要顶层的决策者进行思考，目标客群最青睐的机构需要具备哪些特征？自己的企业是否符合这些特征？如何进一步在这些特征上与竞争对手拉开差距？

	声誉口碑好	广告宣传多	知名度高	行业领先	专业性强	值得信赖	国际化	以上均不符合
A公司	43%	43%	63%	23%	33%	27%	3%	3%
X公司	46%	46%	71%	29%	34%	28%	11%	2%
Z公司	39%	52%	59%	29%	26%	27%	4%	4%
T公司	30%	49%	30%	27%	43%	32%	3%	8%
K公司	47%	43%	38%	17%	35%	35%	7%	3%
W公司	39%	58%	36%	1%	36%	19%	7%	13%
H公司	42%	36%	46%	25%	44%	29%	5%	3%
F公司	46%	26%	54%	23%	41%	45%	4%	3%
D公司	44%	35%	65%	48%	38%	31%	6%	4%
B公司	42%	46%	49%	46%	55%	24%	9%	3%
平均值	42%	44%	51%	27%	38%	30%	6%	5%

图8-3　各教育机构的品牌及口碑对比

数据来源：A公司。

　　考虑到目前多数成熟的职业教育机构涉及的业务领域较为广泛，企业除了可以利用差异化的品牌口号、品牌名称、品牌标志等让消费者形成品牌认知，还可以通过产品线的开发，用产品强化品牌记忆，形成强大的品牌统一识别。从目前职业教育机构的表现来看，A公司在这一方面的整体表现相对较好。当用户被问到知道的品牌机构时，其自主提及的考研、公考以及CPA就涉及众多品牌机构。在其中，无论哪一类都能看到A公司的身影，尤其在考研以及公考这两块业务，A公司都能够在较大程度上占据用户的第一心智，但同时能明显地看到其在财经会计方面的表现相对欠缺。A公司虽然是财经类提及率最高的品牌，但在CPA的第一提及率中不如D公司，且在考研和公考中，完全没有用户会首先将A公司与这两块业务关联起来，即使其在整体的提及率中也表现不佳。

企业内部统一且与竞对差异化的品牌资产，能够提高消费者对营销效果的效率，形成深刻印记，增加区别于竞品的产品识别与记忆。品牌每一次在消费者眼前出现，都在加强消费者对品牌的认知深度与鲜明度。

在每一次营销推广中，用所有最准确的品牌元素——符号、画面、声音、调性等，去瞬间唤起消费者对品牌的印象、联想与记忆，勾起他们对品牌的一切正面感觉，加持本次营销活动想要告诉消费者的具体信息，达到品效合一，让企业可以用比竞争对手更小的成本创造更大的沟通效果。

此外，在购买场景与媒介传播场景时常分离的情况下，品牌能填补消费者从看到参与营销活动到实际购买的空白时间，让用户在后续有需求时能调动相关联想，增强营销活动的长尾效应，降低营销成本。

（二）品牌提高消费者的选择效率，降低选择成本

近几年有种观点认为，在互联网如此普及的今天，信息变得透明，消费者能够随时随地获得商品的真实评价与使用经验，因此品牌将不再重要，消费者不需要用品牌来帮助分辨产品的优劣与可信度。这个说法不无道理，它确实反映了消费路径的改变和品牌某些功能的削弱，但忽略了人脑运作方式对消费行为的决定性影响。人类大脑有一个重要的本能，即它会尽可能地节省能量消耗，能省力就会尽量省力。在现实生活中，人们每日需要面对的信息太多，要做的决策太多，在疲于应付之际会更偏向于选择直觉判断"够好"的选择。每当生活上出现一种需求，人类大脑就会立即在记忆中翻找可能的解决方案，如果这个答案能随着直觉闪现，便会让人感到舒畅与放松。品牌，往往就是这个直觉答案的关键标签。

对于营销来说，不仅需要懂得如何在消费者心里留下印记，而且还要在印记中建立有逻辑、有框架的品牌联想，多方面强化品牌在消费者潜意识中的

影响。当品牌在消费者心中建立足够丰富的联想，就等于品牌在其潜意识中散布了大量触角，每当有需要出现，触角丰富的品牌自然更容易被联想到，成为消费的首选品牌。品牌在人们心中留下的联想越丰富、越一致，品牌所拥有的框架就越强大、越扎实，品牌就越有影响力。

此外，从理智思考的角度讲，消费者在购买产品，尤其是首次购买时，总会有或多或少的顾虑。这些顾虑只要在消费者心里生根发芽，就有可能导致消费者放弃购买转而选择竞品。众所周知，大品牌违约成本高，质量有保障、投诉有人受理，并且品牌企业受到社会和个人的共同监督，出事的概率较小，消费者会本能地倾向买大品牌的东西。企业用品牌信用背书，降低用户首单顾虑。但同时，若大品牌一旦出现负面新闻，波及面就会更广。如前面提到的，社交媒体对于消费者认知职业教育机构非常重要，但这些渠道具有一定的特殊性，即人人都有可以成为信息的创作者以及接收者，且不受时间和空间的限制。大品牌由于其知名度高，接收者对其的识别度以及记忆程度也会更高，因此一旦用户在互联网中发现机构的负面消息，就会极大地影响用户对机构的选择。

另外，不同于普通消费品，教育行业的行业属性导致消费者在购买课程产品时，几乎很少有不经过销售人员而直接完成课程购买的情况。此时，销售作为机构与消费者中间的桥梁，其一言一行就完全代表了品牌。从调研中也可以发现，销售的夸大宣传、态度都会直接导致消费者对品牌产生负面影响，如图 8-4 所示。

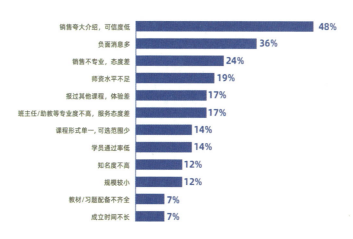

图8-4 用户不考虑品牌的原因分析

品牌在 2B 业绩中同样重要。在企业所有采购行为背后,决策者都是"人",所以基本的思维逻辑并无不同。此外,采购行为往往涉及更多的层级,以及各个层级的责任承担,通常会更加厌恶风险。与其推荐不同的选择,结果出问题被多方质疑,还不如买最大、最有代表性的品牌,无须多费唇舌或反复评估就能做出的一个皆大欢喜的购买决策。

第二节 教育行业企业品牌现状分析

品牌价值评估权威机构 GYbrand 从品牌基本面、品牌业绩、品牌强度、品牌贡献等方面综合计算出品牌价值,发布《2022 年中国最具价值品牌 500 强》研究报告,本次未能有教育培训机构位列其中。可能受到以下因素影响:第一,与教培行业和各类企业的发展历史有关。20 世纪 90 年代,主要是 X 公司烹饪学校等职业技能培训和以 X 公司为主的留学培训教育；21 世纪初，主要是线下 K12 培训教育，少数以录播形式为主的网校也开始出现；10 年代，直播类在线教育爆火，1 对 1、双师大课、少儿英语、数理思维、STEAM，各种各样的教育模式和品类纷纷涌现，在线教育企业在近十年内诞生。发展到近年来，教育培训行业才刚刚走到而立之年，大多数细分领域和新兴企业还未满十年。受限于教育行业和企业的形成时间较短，行业品牌的影响力还有待提高。第二，"双减"政策直接影响头部教培企业的业绩与市值，品牌价值受到较大冲击。

带有互联网基因的在线教育企业重视打造品牌力。2022 年 7 月前，各类在线教育企业通过线上营销广告、户外广告牌、综艺品牌植入、签约代言人等方式，争取在线上线下赢得更多更大的品牌曝光。密集的营销活动在捕获前段流量的同时，提高大众对部分品牌的认知度。例如，提到或看到郎平，大众会不自觉地想到有道精品课；听到"帮—帮—帮"，会联想到网课上作业帮等。

此后，"双减"政策对校外培训广告做出严格管控，规定主流媒体、新媒体、公共场所、居民区各类广告牌和网络平台等不刊登、不播发校外培训广告。在硬广告无法走通的情况下，各在线教育开始通过更加软性的内容营销，加强品牌的正向联想，深层次收割品牌好感度。例如，有道精品课发布了郎平出镜的态度短片《和你一样》，同样是有道的《考运来》《我相信》洗脑神曲更是刷爆了 B 站和朋友圈；字节跳动旗下的清北网校，推出了音乐 MV《致高考少年》，和钢琴家郎朗共同演绎；T 公司发布高考应援短片《你努力的样子有点甜》，学而思网校推出短片《上场》……

传统教育企业开始重视品牌投入，将想要满足的隐性目标和品牌联想纳入品牌营销中，与大众建立情感链接。例如，2022 年 X 公司全网上线宣传片

《DNA》，以"传承"为核心关键词，以老师这代人和留学这代人作为主线，再现两代人的教学和追梦场景，全力阐释"成为更好的自己，是两代人不变的选择"的精神内核；五四青年节前夕，W公司推出微电影《微光追梦人》，通过态度短片讲述盲人女生的备考故事，致敬每一位不愿被生活驯服的年轻人。此类方式是站在消费者的角度去讲述最真实的故事，打造最直击人心的情感营销方案。消费者心中如果被植入正面情感印记，当某天接触到品牌时，便会不由自主地联想到短片背后所传递的信念，好感油然而生，品牌与用户在情感层面的沟通链路也由此打通，以助力未来的消费行为。

从长远来看，在产品愈加同质化、运营流程愈加标准透明化，越来越多的企业开始扭头看向时间的朋友——品牌。教育类公司纷纷配合战略定位和远期规划，思考品牌塑造和品牌梳理，让企业生长出品牌力。本次调研将聚焦于消费者对各大教育品牌的现有感知和形象差异，诊断A公司品牌在现有发展阶段中存在的问题，为后续调整品牌战略、占领用户心智提供可行方向和切实帮助。

由于篇幅的原因，此处不做详谈，希望在后续的作品中和大家继续交流。

致　谢

　　感谢我的团队给予我强大的支持，他是我在工作生涯当中不可或缺的力量。我的团队在日常工作当中表现出来的敬业心，专业度已经达到了业界一流的水平。现在他们分布在祖国各地，分别在各自的岗位中担任重要的角色。希望不久的将来能继续合作！

　　尤其是要感谢孟宇、李舒馨、吴申文、侯雨婷、刘娟、顾祯全、姜梅红、王重屹，他们表现出来的卓越的工作能力和坚毅的品质推动我不断前进，同时他们也是这本书的厚重的基石。

推荐语

　　这本书针对教育行业的体验设计，为从事教育行业产品设计者提供了一份实用性的指南。本书从服务的人群特点出发，深入剖析了考研、CFA、ACCA和公考等教育行业中常见的产品类型，以及如何利用客户反馈来优化产品设计和服务体验。此外，本书还介绍了品牌的概念、构建、传播和管理等方面的知识，让读者了解如何制定品牌策略、管理品牌资产等问题。

　　值得一提的是，本书的案例分析非常精彩，以考研产品为例，从产品设计、销售渠道、服务体验等多个方面深入剖析了考研产品的客户体验，提出了针对性的优化建议。此外，书中的图表和数据也非常直观和易于理解，对于初学者来说非常实用。

　　总之，这是一本非常实用的教育行业体验设计指南，不仅适用于从事教育行业的从业者，也适用于关注体验设计的企业家和管理者。如果您正在寻找一本关于客户体验设计的实用指南，那么这本书绝对是您不可错过的一本好书。

郭靖伟　时代微云集团高工

客户体验的整体提升是一个大工程。本书从用户分析出发，深度洞察客户实际需求，在产品体验上既关注整体链路，又保持对动态特性需求的把握，将一个系统性大工程从设计到落地进行了完整的剖析和规划，是一本具有实操指导性价值的实用指南。同时，本书通过具体项目的详细拆解，在读者阅读过程中，也将有较强的代入感，并进行同步思考，非常值得推荐。

丁元欣　上海快乐讯广告传播有限公司副总经理

客户体验是互联网人的北极星，每次年末季初的 CEM 指标解析都会挑动产品人的神经，指标环比表现如何、尖锐的声音怎么说等都会被掰开揉碎，反复研究，甚至常常被列为下一阶段业务"医治"的重点方向。不同行业的体验设计也是有所差异的，这本书为教培行业的朋友们提供了更接地气的设计方法，希望能为你带去一些灵感和帮助。

魏博嘉　字节跳动高级设计专家

　　体验设计更像是一种思维模式,作者通过多年的设计经验凝结出的方法,从垂直的职业教育领域出发帮助读者了解这个行业用户体验的重要性,并提供了一些实用的方法和建议。作者通过对当代大学生学习需求及社会发展的趋势分析,对年轻大学生用户群体进行了研究,让读者了解目前成人教培行业的机遇和挑战,以及教培机构如何在竞争中获得优势。书中的内容非常实用,详细总结了大量包括大学生考研、考 CFA&ACCA、公考等一系列行业案例,从体验监测的角度进行分析。如何利用用户调研机制来增强用户体验,并提供了一些实用的工具和技巧,帮助读者深入了解教培行业的用户体验和行为。另外,这本书还做了大量的竞品调研,提供了一些挑战性的观点。例如,作者认为受到终身教育理念和行业政策影响,教育培训市场整体呈现"供需两头热"的特征,"双减"政策落地后,头部 K12 教育品牌纷纷转型至成人教育赛道。阅读这本书,一定会对您在市场竞争中获得更好的战略位置有较大的价值。

许亚卓　微医交互用研设计负责人

本书在体验设计领域深度剖析了用户与企业之间的关系，从用户的交互过程中反映了企业长期忽略的用户触点。体验设计是一项长期的工作，需要从企业初创时进行构建，产品服务应当以用户为中心，不断地精进与优化。本书通过一个个真实的案例，深入浅出地介绍了分析用户行为的种种方法。这些方法策略是宝贵的，是初入职场的新人有效的学习思路，帮助你在职场当中正确地贴近用户，从而开展有价值、有意义的工作。

温丽姣　北京斯凯达教育公司 CEO

在教育培训这个行业，从来没有人如此关注客户体验，并形成方法论。该书深入浅出地阐述了体验设计策略的重要性、原理模型以及实际应用，着重强调以客户为中心，关注整体体验。这是一本写给专业的人看、看了就能用的书。全书内容实用，解析了如何通过体验设计策略提升品牌口碑、把控服务质量，助力企业发展，为从业人员提供了一幅清晰的体验设计策略地图。读罢此书，让人心生向往，更添信心去实现卓越的客户体验。

李　峰　绿城教育集团总经理

此书深入浅出地阐述了体验设计在当代语境下的重要性，分析了其在未来的发展与运用。为设计师和企业管理人员提供了重要的战略依据，同时给出了行之有效的落地执行方法，如何使团队合作更有效率，如何提高用户体验，从企业和用户的角度分析了关于体验设计的思考和交流框架。这本书将内容推演出了具有实用性可操作的工作方法与理论依据。

William Choi 崔明哲　　前法国 Esmod 设计学院　高级讲师

时装品牌 Fluffy House 联合创始人　创意总监

本书全面介绍了体验设计全流程，并系统化地总结了体验设计策略在实际商业项目中的应用方法，对商业化项目落地有较大的指导价值。

书中通过丰富的实战案例讲解，深度剖析了不同产品在各个阶段的用户需求和痛点，给出了系统性的体验优化策略及验证模型，能够很好地帮助我们树立全局体验的意识，并在日常工作项目中"看清问题"并"对症下药"。

欧阳磊　滴滴设计专家